COURS PANAMÉLODIQUE

OU

COURS COMPLET

DE MUSIQUE VOCALE.

COURS PANAMÉLODIQUE

OU

COURS COMPLET

DE

MUSIQUE VOCALE;

Par Emile **GIRE**, Professeur d'Harmonie.

NISMES,

IMPRIMERIE C. DURAND-BELLE.

1840.

OFFERT,

COMME UN TÉMOIGNAGE DE NOTRE RECONNAISSANCE ,

A M. Hippolyte Colet, Professeur d'Harmonie au Conservatoire, Auteur de la Panharmonie musicale.

INTRODUCTION.

En créant une méthode qui eût pour objet de simplifier l'étude de la Musique, nos vues tendaient à donner une exposition toute analytique de cet art , qui pût engager les maîtres à réformer eux - mêmes leur mode d'enseignement vicieux sous une infinité de rapports. Mais , ne nous abusant point sur les difficultés qu'il y aurait à la leur faire agréer , quel que fût son mérite , nous avons été souvent découragé dans notre entreprise , surtout lorsque nous pensions que notre faible voix , inconnue encore , ne serait point entendue , loin de planer sur celle de tant de grands maîtres dont les ouvrages tendent au même but sans qu'ils l'aient jamais atteint.

Ramené cependant vers notre première idée par les nombreux avantages que doivent en retirer les élèves, nous avons surmonté nos répugnances à continuer cette œuvre.

Le nouveau système que nous avons adopté dans cette méthode ne nous a pas fait rejeter ce qu'il y avait de bon dans les anciens solféges ; nous en avons , au contraire , conservé le plus qu'il nous a été possible , nous appliquant surtout à analyser et à éclaircir cette foule de raisonnemens inintelligibles à l'élève , et que le musicien seul peut comprendre. Ne trouvons-nous pas , en effet , une preuve incontestable de leur insuffisance et de leur obscurité dans cette pénible nécessité , où ils laissent la plupart des élèves , d'aller consulter leurs instrumens pour pouvoir déchiffrer une simple romance ?

Or donc , si l'élève ne peut retrouver dans les signes de la Musique ce que le lecteur retrouve dans les caractères d'imprimerie , c'est-à-dire , la pensée du compositeur ou de l'auteur , nous ne pouvons en rejeter la cause que sur le vice d'enseignement.

Nous l'avons bien compris, il manquait un ouvrage ; c'était celui qui donnerait à l'élève l'intelligence de la Musique : nous l'offrons aujourd'hui à tout le monde, après en avoir offert la dédicace à l'auteur de la *Panharmonie*, comme un témoignage de notre reconnaissance et de notre haute admiration.

PLAN ET DIVISION DE L'OUVRAGE.

PREMIÈRE PARTIE.

Après avoir démontré les notions préliminaires, ce que c'est qu'une gamme, les divisions des mesures binaires et ternaires comparées au chronomètre, nous donnerons un système qui doit simplifier de beaucoup l'étude de la Musique, et apprendre avec facilité à connaître toutes les clefs.

DEUXIÈME PARTIE.

Dans la deuxième partie, nous parlerons des signes accidentels, des intervalles, des genres, des propriétés de la note sensible, de la formation des accords, des cadences et des modulations, et, si l'élève est bien pénétré de la première partie, il apprendra avec beaucoup de facilité la deuxième, qui pourtant traite de choses difficiles à apprendre, mais intéressantes et indispensables pour celui qui veut compléter son éducation musicale.

TROISIÈME PARTIE.

Nous ferons connaître à l'élève les accords les plus compliqués, ainsi que la manière de les employer. Nous lui donnerons aussi les règles nécessaires pour accompagner un chant d'une basse chiffrée ; et, arrivé à la fin de notre ouvrage, si l'élève a travaillé avec application, il reconnaîtra lui-même qu'il a obtenu un résultat satisfaisant, et nous en serons bien récompensé.

COURS PANAMÉLODIQUE

OU

COURS COMPLET

DE

MUSIQUE VOCALE.

PREMIÈRE PARTIE.

PRODUCTION DU SON.

Un son rendu par un tuyau ne dépend que de la longueur de la colonne d'air, de son degré d'élasticité, et de la manière de souffler ; car la nature du tuyau, l'épaisseur de ses parois, son diamètre, la manière dont on le tient, n'influent en rien sur le son produit. La différence de timbre, suivant que l'instrument est en bois ou en cuivre, etc., paraît dépendre du frottement de l'air contre la paroi, et peut-être d'une faible résonnance des parois même.

C'est avec ces sons, obtenus au moyen d'un tube ou par la vibration d'une corde mise en mouvement avec un archet ou par la percussion d'un marteau, qu'on a formé les sept notes de musique.

DE LA PORTÉE.

1.re Leçon.

On écrit la musique sur cinq lignes horizontales,
dont la réunion s'appelle *portée ;* comme ces cinq
lignes ne pourraient pas suffire à l'étendue des voix,
et surtout des instrumens, on en a ajouté de petites au dessus et au dessous, qu'on nomme *lignes
supplémentaires ;* c'est sur toutes ces lignes et dans
leurs interlignes que se placent les notes. (Voy. la
planche fig. 1.) Les lignes de la portée, comme
on l'a vu, d'après l'exemple, se comptent de la plu^s
basse à la plus élevée ; c'est au moyen de cette
échelle ou portée, qu'on a représenté les sons des
sept notes de musique, *do, ré, mi, fa, sol, la, si,*
(fig. 2). Mais elles ne prennent leur nom que d'après
le signe qui se place au commencement de chaque
portée, et qu'on nomme *clef ;* toutes ces notes
peuvent se répéter à différentes places de la portée,
selon l'étendue de la voix ou de l'instrument. (Voy.
fig. 3.)

DES CLEFS.

2.me Leçon.

En France, nous avons trois clefs en usage,
savoir : la clef de *sol,* la clef d'*ut* et la clef de *fa.*
(Fig. 4.)

La clef de *sol* se pose sur la seconde ligne (fig. 5) ;
la clef d'*ut* se pose sur les première ; deuxième ,
troisième et quatrième lignes (fig. 6) , et la clef
de *fa* se pose sur les troisième et quatrième lignes
(fig. 7). Nous donnons à la fig. 8 le diapason de
toutes ces clefs.

DES VALEURS.

3.me Leçon.

Toutes les notes peuvent se diviser en différentes
valeurs , savoir : en *rondes* , *blanches* , *noires* , *croches* , *doubles-croches* , *triples-croches* , *quadruples-
croches* (fig. 9). On a vu , d'après le tableau , qu'une
ronde est d'égale durée à deux blanches , les deux
blanches à quatre noires , les quatre noires à huit
croches , les huit croches à seize doubles-croches ,
les seize doubles - croches à trente - deux triples-
croches , et les trente-deux triples-croches à soixante-
quatre quadruples-croches.

DES SILENCES.

4.me Leçon.

Les silences ou repos , appelés dans la musique
pause , *demi-pause* , *soupir* , *demi-soupir* , *quart de
soupir* , *huitième de soupir* et *seizième de soupir* ,
correspondent aux mêmes valeurs de notes (fig. 10).

Pour réunir plusieurs pauses ou silences , on se
sert des signes représentés (fig. 11).

DE LA MESURE.

5.me Leçon.

La mesure fixe la durée et la quantité des sons ; elle est divisée en temps égaux et les temps en forts et faibles ; ce sont ces temps que l'on marque par un mouvement du pied ou de la main , et c'est ce qu'on appelle *battre la mesure*.

La mesure est binaire ou ternaire , c'est-à-dire, qu'elle contient deux ou trois fractions de mesure, un coup fort et un ou deux coups faibles.

Chacune de ces fractions se sous-divise en moitié ou en tiers.

Dans la notation usuelle , la *ronde* (o) est l'unité à laquelle nous rapporterons toutes les fractions de la mesure , et , par suite , les chiffres indicateurs que l'on place au commencement d'un morceau de musique.

Il y a trois mesures principales , qui sont :

La mesure à deux temps , qui se marque par un 2 ou $\frac{2}{4}$ (fig. 12).

La mesure à trois temps , qui se marque par un 3 ou $\frac{3}{4}$ (fig. 13).

La mesure à quatre temps , qui se marque par un C (fig. 14).

Nous donnons à la fig. 15 le tableau de toutes les mesures principales et composées , mises en usage jusqu'à ce jour.

On a vu , d'après le tableau , que toutes les mesures dérivent de celle à quatre temps, et qu'on place un ou deux chiffres au commencement de la portée.

1.º Le chiffre supérieur marque la quantité, et l'inférieur la qualité ;

2.º La ronde a été divisée en quatre parties égales : quatre noires, huit croches ou seize doubles-croches, etc. Ainsi, dans la mesure à $\frac{6}{8}$, le chiffre supérieur indique que la mesure contient le nombre six, et le 8 que ce sont des huitièmes, c'est-à-dire, que la mesure contient six huitièmes de la mesure à quatre temps ;

3.º Dans la mesure $\frac{3}{4}$, le 3 indique que la mesure contient le nombre 3, et le 4 nous désigne que ce sont des quarts, c'est-à-dire, que la mesure contient trois noires ou *trois quarts* de la mesure à quatre temps ; il en est de même pour toutes les mesures.

Pour que l'élève puisse apprécier les valeurs de chaque signe, nous lui conseillons d'attribuer à la ronde la durée de quatre secondes ; la noire sera l'expression de la seconde ; la croche vaudra une demi-seconde, etc. Il pourra s'habituer à cet exercice, à l'aide d'un métronome de Maelzel.

Les personnes qui n'auront pas de métronome, pourront se servir d'un chronomètre dont voici la description :

« Dans le chas d'une aiguille fixée au haut d'une « règle de bois, glisse un fil long de trois à quatre

« pieds, qui tient deux balles suspendues, dont
« l'une sert de contre-poids à l'autre, tandis que
« celle-ci fait des balancemens qu'on nomme *batte-*
« *mens* ou *oscillations*. Il résulte de cet arrange-
« ment, qu'en soulevant de la main, et faisant
« monter l'une des balles pour la rapprocher de
« l'aiguille, l'autre descend et s'en éloigne par son
« propre poids. Or, les battemens sont d'autant
« plus rapides, que la balle qui les donne est plus
« près de l'aiguille qui en est le point de suspen-
« sion, et ils se ralentissent, au contraire, en
« abaissant cette balle pour alonger le fil qui la
« suspend ; et, comme ce fil peut prendre tous les
« degrés de longueur depuis sa totalité en dimi-
« nuant jusqu'à zéro, il s'ensuit qu'on peut obte-
« nir, à volonté, toutes les nuances de vitesse dans
« l'oscillation, depuis la plus lente que donne le
« fil entier jusqu'à l'infiniment brève.

« On pourrait aussi graduer la règle du chrono-
« mètre, et faire correspondre les oscillations au
« métronome de Maelzel. »

Nous donnons, pour l'intelligence des mesures,
un tableau correspondant des notes à la durée relative des secondes (fig. 16).

DES POINTS.

6.me Leçon.

Nous avons quatre espèces de points en musique,
savoir :

Le point (.).
Le point détaché (. ou !).
Le point d'orgue (⌒).
Et le point de repos (⌒).

Le point, placé après une note ou après un silence, l'augmente de la moitié de sa valeur ; si plusieurs points se succèdent, le second ne vaut que la moitié du premier, et le troisième la moitié du second (fig. 17). On voit, d'après la figure, qu'une noire pointée correspond à trois croches, une blanche à trois noires, et que, si l'on pose un point après un autre point, le second n'a que la moitié de la valeur du premier ; ainsi un point devant une noire vaut une croche ; posé devant une blanche, il vaut une noire, et devant une ronde, il vaut une blanche, etc. Le point marque qu'il faut prolonger le son de la note après laquelle il est posé de la moitié de sa valeur, ce qui nous donne la valeur de trois blanches à une ronde, la valeur de trois noires à une blanche, etc. Il nous marque aussi qu'il ne faut pas faire sentir ces trois valeurs réunies, mais qu'il faut les faire d'un seul coup de gosier, d'un seul souffle ou d'un seul coup d'archet.

DU POINT DÉTACHÉ.

Le point détaché se place au dessus ou au dessous des notes, pour indiquer qu'elles doivent être prononcées sèchement (fig. 18).

DU POINT DE REPOS ET DU POINT D'ORGUE.

Le point de repos se met au dessus des notes , pour suspendre la mesure et prolonger , à volonté, la valeur de la note sur laquelle il est placé ; mais, s'il est placé sur la note final d'un morceau , et dans une seule partie , alors on l'appelle *point d'orgue* ; il désigne qu'il faut prolonger le son de cette note jusqu'à ce que les autres parties arrivent à leur conclusion naturelle (fig. 19).

DE LA GAMME , DU TON ET DES INTERVALLES.

7.me Leçon.

Pour représenter les sons , on a formé une échelle sur laquelle on a écrit les sept notes de musique (*ut* , *ré* , *mi* , *fa* , *sol* , *la* , *si*) , et on les a faites suivre de l'octave du premier son *ut* (fig. 20) ; c'est ce qu'on appelle *gamme d'ut naturel* , modèle de tous les tons majeurs.

La première note , *do* ou *ut* , ou premier degré , s'appelle aussi *tonique* ; le *ré* second degré ou sustonique ; le *mi* troisième degré ou médiante ; le *fa* quatrième degré ou sous-dominante ; le *sol* cinquième degré ou dominante ; le *la* sixième degré ou sus-dominante ; le *si* septième degré ou note sensible ; l'*ut* octave qui est la répétition à l'aigu du premier son *ut* (ou *do*).

Le passage d'un degré à un autre s'appelle *saut ;* ainsi on dit : saut de quinte, d'octave, etc.

DU TON.

Le mot *ton* a plusieurs acceptions :

1.º Il s'emploie pour marquer le degré d'abaissement ou d'élévation sur lequel est fixé l'accord des instrumens,

2.º On le prend aussi pour indiquer la note principale sur laquelle un morceau de musique a été établi ; alors on l'appelle *tonique ;*

3.º Toutes les notes peuvent être tonique, c'est-à-dire, première note d'une gamme.

DES INTERVALLES.

Deux ou plusieurs sons entendus ensemble ou séparément, forment des intervalles (fig. 21), et l'intervalle est la différence d'un son à un autre.

L'étendue est l'espace qui existe entre les deux notes d'un intervalle (fig. 22).

Les degrés qu'on parcourt pour arriver d'un son à un autre s'appellent *tons* et *demi-tons* (fig. 23). On a vu, d'après la figure, que d'*ut* à *ré* il y a un ton, de *ré* à *mi* un ton, et de *mi* à *fa* un demi-ton ; voilà le premier tétracorde. Que l'on compare maintenant le second tétracorde, *sol, la, si, ut,* et l'on verra qu'il y a les mêmes distances d'un degré à l'autre. Nous verrons, plus tard, que le second tétracorde de la gamme d'*ut* est le premier tétracorde de la gamme de *sol* , et qu'en réunissant les deux tétracordes , la gamme comporte cinq tons et deux demi-tons.

Deux notes qui se touchent (fig. 24) forment un intervalle de seconde ; elles marchent par degrés conjoints , quand elles sont à distance d'un ton ou d'un demi ton , et par degrés disjoints toutes les fois qu'on fait un intervalle plus grand (fig. 25). La seconde augmentée , composée d'un ton et d'un demi-ton , forme un intervalle disjoint.

Nous donnerons , dans la seconde partie , le tableau de tous les intervalles et de leurs renversemens.

PROPRIÉTÉS DES PRINCIPALES NOTES QUI COMPOSENT LA GAMME.

1.º *Propriété de* l'ut. D'abord l'*ut* et en seconde ligne le *sol* sont les deux notes que l'oreille préfère pour faire un repos, c'est-à-dire , pour terminer une phrase musicale ; ces deux notes sont le centre autour duquel se groupent les autres notes ;

2.º *Propriété du* mi. Placé entre l'*ut* et le *sol* , le *mi* est un repos intermédiaire assez facile à saisir ; c'est le plus faible des repos ; sa propriété est exprimée par le mot *médiante*.

Tout morceau de musique commence par une de ces trois notes , *tonique* , *médiante* ou *dominante* , parce qu'elles déterminent mieux que toute autre

la tonalité ; mais généralement c'est par la tonique ou la dominante.

Quand un morceau de musique commence par une autre note que la tonique, il faut poser d'abord les trois notes *ut*, *mi*, *sol*, afin d'assurer à la fois et la tonalité et l'intonation de cette première note.

La succession, *ut*, *mi*, *sol*, est facile à retenir ; malgré cela nous demanderons à l'élève de la travailler jusqu'à ce qu'il la possède et la reproduise sans hésiter ; il n'est pas besoin de musique notée pour cela ; on peut varier l'ordre des successions en se promenant, former de petits airs différens ; et, dès qu'on possèdera bien l'intonation de ces trois notes, on pourra répéter le même exercice, en ajoutant au grave ou à l'aigu l'une de ces trois notes, selon que l'*ut*, pris pour départ, le permet, et les chances de combinaisons deviendront infiniment nombreuses (fig. 26), puisqu'une voix de ténor embrasse treize sons dans son étendue, et a, par ce moyen, six de ces notes à sa disposition, en partant du premier *ut* sous la portée jusqu'au *la* (extension) de la seconde octave.

Propriété du si. Le *si* tend à se résoudre en montant, c'est-à-dire, qu'il appelle l'*ut* avec d'autant plus de force, qu'on s'y arrête plus long-temps. On a défini cette propriété par le mot *sensible*. Qu'on en fasse l'expérience suivante, en s'arrêtant sur le *si*. Exemple : *ut*, *ré*, *mi*, *fa*, *sol*, *la*, *si*.........*ut*.

Propriété du fa. A l'inverse du *si*, le *fa* tend à descendre et se résoudre sur le *mi* ; et, si sa tendance et sa résolution sont moins frappantes et moins satisfaisantes que celles du *si*, c'est que le *mi* n'offre point à l'oreille un repos aussi absolu que celui de l'*ut*.

On a défini sa propriété par les mots *sous-dominante* ou *sus-médiante*.

NOMENCLATURE DES PROPRIÉTÉS.

Ut, repos fondamental, défini par le mot : *tonique*.
Si, tend à monter,   *id.*   *sensible*.
La, tend vers la dominante, *id.* *sus-dominante*.
Sol, repos secondaire,   *id.*   *dominante*.
Fa, tend vers la médiante, *id.* *sous-dominante* ou *sus-médiante*.
Mi, repos intermédiaire,   *id.*   *médiante*.
Ré, tend vers la tonique,   *id.* *sus-tonique* ou *sous-médiante*.
Ut, repos fondamental,   *id.*   *tonique*.

ÉTUDE DE LA PORTÉE.

8.ᵐᵉ Leçon.

Nous avons dit plus haut que les notes essentielles de la gamme étaient *ut*, *mi*, *sol*, ajoutons-y maintenant le *si*, dont la propriété est très-remarquable, quoique bien différente.

Nous savons que la portée se compose de deux sortes de barreaux, les uns *noirs*, les autres *blancs*, c'est-à-dire, les lignes et les interlignes.

En cherchant à nous rendre compte de la position relative des quatre notes, *ut*, *mi*, *sol*, *si*, nous reconnaîtrons les faits suivans :

1.º Tant qu'on ne sort pas des limites d'une même gamme , *les quatre notes essentielles reposent sur les barreaux de même couleur ;* ainsi la couleur de la première est la couleur des trois autres ;

2.º En passant d'une gamme (grave) à sa voisine (aiguë) , les notes essentielles changent de couleur.

Ainsi , quand nous connaîtrons la note de départ *ut*, les trois autres notes seront faciles à reconnaître. Voilà donc un résultat.

Quant aux notes intercalaires , nous n'en avons que trois (*ré*, *fa*, *la*) qu'on rapportera à celles des notes essentielles dont elles sont voisines, et de préférence par rapport à l'inférieure.

Les exercices de la figure 27 nous rendront familier ce procédé , qui doit nous conduire à la lecture sur toutes les clefs.

En effet , l'élève n'a qu'à remarquer le premier degré *ut* , et il connaîtra aussitôt les trois autres notes principales qui se trouveront sur les barreaux de même couleur ; ainsi , l'*ut* se trouvant sur un barreau noir , les trois autres notes , *mi*, *sol*, *si*, se trouveront aussi sur les barreaux noirs ; si l'*ut* se trouve , au contraire , sur un barreau blanc , les trois autres notes se trouveront aussi sur les barreaux de même couleur : ce n'est que lorsqu'on sort de la gamme grave pour passer dans l'aiguë , que les barreaux changent de couleur ; alors les notes qui se trouvaient sur les barreaux blancs se trouvent sur les noirs , et *vice versâ*.

Nous engageons l'élève à placer sur la main les

quatre notes essentielles de la gamme, plus l'octave de la tonique (*ut*, *mi*, *sol*, *si*, *ut*), en prenant successivement pour tonique tous les barreaux noirs et blancs ; cet exercice, qui paraît être de peu d'importance, nous prouvera, par expérience, qu'il est indispensable pour la lecture sur toutes les clefs : l'on conçoit que les cinq doigts de la main peuvent très-bien représenter les cinq lignes de notre échelle musicale.

En effet, on doit facilement comprendre, qu'une fois familiarisé à cet exercice, la position de l'*ut* et successivement des autres notes ne doit pas plus embarrasser l'élève que les positions des dièzes et des bémols, que l'on place au commencement d'un morceau de musique pour en déterminer le ton, n'embarrassent le musicien exécutant. Nous développerons ce système dans la seconde partie.

DU COULÉ DE LA LIAISON ET DE LA SYNCOPE.

9.me Leçon.

Ces trois dénominations se marquent par un trait recourbé ⌒ qui lie plusieurs notes ensemble.

Les notes coulées se font d'un seul coup de gosier, d'un seul souffle ou d'un seul coup d'archet. (Fig. 28.)

La liaison indique qu'il faut tenir les notes de toute leur valeur pendant la durée du signe, c'est-à-dire, que, si le signe est sur deux noires, il faut prolonger le son comme si c'était une blanche ; s'il prend deux blanches, il faut les tenir la valeur d'une ronde, etc. Mais, pour toutes ces valeurs, il ne faut pas faire sentir le passage d'une note à l'autre, bien entendu de même nature, c'est-à-dire, que toutes les notes qui se trouvent sous la liaison ne doivent en former qu'une; il faut aussi qu'elles soient faites d'un seul coup de gosier, sans même faire sentir le passage d'une mesure à l'autre. (Fig. 29.)

DE LA SYNCOPE.

La plus grande difficulté que puisse offrir la mesure des sons, est sans contredit la syncope ; et c'est ici surtout qu'il importe de ne quitter cette leçon que lorsqu'elle aura été non-seulement bien comprise, mais bien exécutée.

La syncope est une note qui se partage également du temps *faible* au temps *fort* de la mesure. (Fig. 30.)

Pour bien concevoir cette figure, nous allons supposer une prolongation de *moitié* ajoutée à une moitié (fig. 31). D'après la figure, le *faible* du premier temps est prolongé sur le *fort* du second, ce qui forme bien une unité ; mais à contre-temps cette unité est composée de *faible* et *fort*, au lieu de *fort et faible*, car elle commence au levé et se continue au frappé suivant. C'est cet effet qui a reçu le nom de *syncope*, et il est défini, comme nous avons dit plus haut, *un son commencé sur une partie faible, et continué sur une partie forte du temps.*

Cette manière d'écrire la syncope n'offre rien de

bien embarrassant à la lecture ; mais elle ne se présente pas toujours ainsi.

Partant de ce fait, que deux moitiés forment un entier, on écrit la syncope par une noire, ce qui n'est plus aussi clair, le point de section des deux groupes n'étant pas apparent ; alors il faut, par la pensée, couper la noire en deux parties, en donner une moitié à la fin du premier temps, et l'autre moitié au commencement du second. Il faut aussi renfler le son sur la prolongation du mot *deux.... heu*, pour annoncer à l'oreille le commencement de la seconde unité ; mais il ne faut pas abuser de ce renflement, car nous ne voulons nous en servir que pour faire comprendre à l'élève l'effet de la syncope, et, aussitôt qu'il l'aura saisi, il ne devra plus faire sentir ce renflement, qui est d'un très-mauvais effet. Voyez la notation usuelle de la syncope à la fig. 32.

A la fin de la première partie, nous donnerons les exercices nécessaires pour pouvoir appliquer tout ce dont nous aurons parlé théoriquement.

TIERS DE MOITIÉS OU TRIOLETS.

10.me Leçon.

Le triolet est un groupe de trois notes qu'on indique par le chiffre 3 placé au-dessus ou au-dessous des notes ; il doit être fait dans le même temps et pour la valeur de deux. (Fig. 33.)

Les tiers de moitiés prennent le nom de *triolets* ou de *trois pour deux*, parce que les trois tiers pour chaque moitié remplacent les deux quarts de la sous-division binaire.

Trois fractions passent sur le frappé et trois sur le levé.

C'est sans doute un inconvénient pour la lecture, puisque les sixièmes se présentent groupés de la même manière, quelle que soit leur origine. Mais il est probable qu'on ne consentira jamais à remédier à ce défaut, parce que la rapidité de la notation en souffrirait.

Du reste, le lecteur est toujours averti par un chiffre (3 ou 6) placé au dessus du groupe qui contient des triolets.

DES ABRÉVIATIONS.

11.me Leçon.

Abrévier, c'est représenter plusieurs notes par une seule ou par un seul signe. (Fig. 34.)

DU GUIDON.

Le guidon (⌒) est un signe qu'on place à la fin de la portée, principalement quand la mesure n'est pas complète, pour faire connaître à l'avance la note qui se trouve au commencement de l'autre portée, et on le place sur le même degré de la note qui doit suivre. Nous ne le trouvons pas d'une grande utilité ; car, que sert de savoir à l'avance la note qui va suivre, puisque le guidon n'a aucune valeur ; et que le chanteur ou l'instrumentiste ne peuvent bien attaquer une note qu'en sachant bien sa valeur intrinsèque. D'ailleurs, un musicien a aussitôt vu la note et la valeur ensemble, que de voir le guidon et ensuite la note. Il nous paraît assez inutile, mais n'importe. Comme cela ne change en rien la théorie de l'art, nous laissons libres ceux qui désireront s'en servir d'en faire usage.

DE LA REPRISE.

12.me Leçon.

Quand la reprise ‖ est ponctuée à gauche et à droite, *exemp.* :‖: , elle marque qu'il faut recommencer deux fois ce qui la précède et ce qui la suit. Quand elle a seulement des points à sa gauche, *exemp.* :‖ , on ne répète que ce qui précède ; quand, au contraire, elle n'est ponctuée qu'à sa droite, *exemp.* ‖: , on ne répète que ce qui suit.

DU RENVOI.

Le renvoi ⁒ ou ⊙ est un signe que l'on place au dessus de la portée, pour indiquer l'endroit où il faut reprendre ; on le fait souvent suivre de ces deux lettres *D. C.* , *Da Capo.*

DES DIFFÉRENS SIGNES ET TERMES USITÉS.

Le signe > diminue le son, celui-ci < l'augmente, et celui-ci <> l'augmente d'abord ; et le diminue ensuite.

Les effets obtenus par ces signes s'appellent *nuances.*

Les différens degrés d'expression d'un morceau sont indiqués par les signes suivans :

F. F. . FORTISSIMO , très-fort.

F. . . . FORTE , fort.

M. F. . MEZZO FORTE , . demi-fort.

MEZ. VOCE OU MEZZO VOCE } à demi-voix.
SOT. VOCE OU SETTO VOCE }

P. . . . PIANO , doux-faible.

P. P. . PIANISSIMO , très-faible , très-doux.

F. P. . FORTE PIANO , d'abord fort , puis faible.

P. F. . PIANO FORTE , faible et fort.

DOL. . DOLCE , avec douceur.

CAL. . CALANDO , avec chaleur et en animant de plus en plus.

S. F. Z. SFORZANDO , en forçant.

R. F. Z. RINFORZANDO , en renforçant.

On indique les mouvemens d'un morceau de musique par les termes suivans :

Grave.	*Maestoso.*	*Grazioso.*	*Scherzo.*
Largo.	*Affettuoso.*	*Tempio - Giusto.*	*Vivace.*
Lento.	*Andantino.*	*Allegretto.*	*Presto.*
Sostenuto.	*Andante.*	*Allegro.*	*Prestissimo*
Larghetto.	*Moderato.*	*Con brio.*	. . . . .
Adagio.	. . . . .	. . . .	

Les mots contenus dans chaque colonne ont la même signification ; seulement , les premiers écrits indiquent des mouvemens plus larges que ceux qui suivent.

On y joint souvent les mots *un poco* (un peu) , *molto* (ou assai-beaucoup) , *et non tropo* (pas trop) , savoir :

POCO-LARGO.

ALLÈGRO NON TROPO.

MOLTO-VIVACE , etc.

De tous les temps , nos auteurs de solféges se sont étudiés , pour la plupart , à donner une foule de petits airs , qualifiés improprement du nom de leçon , précédés d'une trentaine de pages d'une soi-disant théorie , à laquelle ordinairement l'élève ne peut rien comprendre. D'autres se sont bornés à ces petits airs sans théorie , tel que le solfége de M. Choron. Notre intention n'est nullement d'exercer notre critique sur ces ouvrages , nous qui avons besoin de toute l'indulgence de nos lecteurs. Toutefois , nous ne pouvons nous dispenser de consigner ici une remarque déjà faite avant nous par de savans professeurs ; c'est que l'on a presque toujours négligé d'expliquer les premiers principes de la musique ; c'est donc à cette lacune que nous avons essayé de remédier. Nous accordons volontiers à tous ces ouvrages le mérite qui leur est dû , mais l'on ne se refusera pas , sans doute , à reconnaître avec nous que , par la manière d'enseigner mise en usage , nos grands maîtres ont paru plus disposés à nous cacher la science qu'à l'enseigner à leurs élèves. Et , en effet , l'on ne doit point supposer que nos grands musiciens se soient formés au moyen de nos solféges , mais , au contraire , en dépit d'eux.

C'est par une étude approfondie de l'art, aidés sans
doute par une disposition naturelle, qu'ils ont pu
acquérir des connaissances que ces méthodes ne
pouvaient nullement leur procurer, parce qu'elles
ne renferment point ce qui peut favoriser l'étude
de la musique.

Ainsi, par exemple, qu'un père, qui sera dési-
reux d'enseigner à lire à son fils, au lieu de commencer par les premiers principes de la lecture,
mette entre ses mains le livre le mieux écrit, croit-
on que l'enfant, bien que le père l'aide de ses secours, qu'il lise devant lui et qu'il l'oblige même
à étudier deux heures chaque jour, puisse bientôt
apprendre à lire, à moins qu'on ne consente à lui
démontrer la valeur des lettres, la manière de les
prononcer, en un mot, tout ce qui constitue les
premiers principes. Il est donc facile d'en conclure
que le même inconvénient se fait sentir à l'élève
musicien qui manque de méthode ; car, malgré le
grand nombre de solféges existans, il est rare d'en
trouver un qui puisse s'approprier à l'intelligence
des élèves, parce qu'on y a négligé, nous le répé-
tons, d'y développer les premiers élémens, ou que
si, parfois, l'on a pris copie, ce sont les noms
qu'on a fait exister avant les choses. A ce sujet,
nous citerons un de nos meilleurs auteurs modernes,
de qui le solfége est assez généralement répandu,
M. de Garaudé, dans sa méthode, œuvre 27, 6.e
édition, pag. 8. Il fait connaître à son élève les
intervalles, bien qu'il n'ait pas encore solfié une

seule note , et qui , dès lors , doit être supposé in-
capable d'apprécier la valeur d'un intervalle ; à la
pag. 9 , il indique l'altération du dièse et du bémol ; et il la détruit ensuite par le bécarre. Peut-on
concevoir qu'un élève , qui ne possède pas encore
la moindre notion de musique , soit en état de comprendre , sans explication préalable , et lorsqu'il
n'aura pas un bon maître , quel est l'effet produit
par le dièse , le bémol et le bécarre ? Évidemment,
non. Il faut toujours avoir en vue qu'il y a des
préliminaires à remplir , avant d'entrer dans des
développemens dont la place est marquée , et qui
ne doivent jamais arriver préalablement.

L'on ne saurait disconvenir que M. de Garaudé
n'ait introduit dans son solfége de fort bonnes choses , mais elles ne peuvent être réputées telles que
pour un musicien. Tout ce qu'il renferme sera jugé
insuffisant pour un élève privé de maître ; dès lors
l'on ne peut se dispenser d'avouer que sa méthode
est incomplète , puisqu'elle ne remplit pas l'objet
qu'il a dû sans doute se proposer comme nous. Cependant nous ferons remarquer que M. de Garaudé
a reproché au solfége de Rodolphe d'être gothique,
probablement parce qu'il ne répondait plus aux
besoins actuels. Ne serait-on pas autorisé aujour-
d'hui à lui adresser le même reproche ?

Mais nous nous sommes un peu éloigné de notre
but par cette digression déjà assez longue , et que
nos lecteurs nous pardonneront sans doute ; es-
sayons de reprendre notre sujet.

Maintenant le professeur doit habituer l'élève à chanter à la baguette, c'est-à-dire, qu'il doit avoir un tableau noir où il y a une portée tracée en blanc avec deux lignes supplémentaires, supérieures et inférieures, comme à la fig. 35, et lui faire substituer le nom d'*ut* ou *do* à toutes les notes de la gamme, et principalement à la dominante et à la sous-dominante, qui sont les transitions les plus communes ; cet exercice doit durer environ deux mois : on fera remarquer aussi à l'élève, à la fin de cet exercice, qu'il sait lire sur toutes les clefs. Le premier degré *ut*, vu la dureté de sa syllabe, sera changé, et nous le nommerons *do*.

Nous allons donner un aperçu théorique de la manière de procéder à cet exercice ; nous ne l'appliquerons à la pratique qu'à la fin de la première partie, la théorie que nous avons donnée n'étant que pour prévenir l'élève de ce qu'il aurait à faire.

On posera d'abord à la baguette la gamme d'*ut* naturel :

DO   RÉ   MI   FA   SOL   LA   SI   DO,

et, sur le chant de cette première gamme, on y substituera des noms de notes différens ; et principalement ceux de la *dominante* et de la *sous-dominante*.

Dominante :   SOL   LA   SI   DO   RÉ   MI   FA   SOL.
S.ˢ-domin. :   FA   SOL   LA   SI   DO   RÉ   MI   FA.
            RÉ   MI   FA   SOL   LA   SI   DO   RÉ.
            LA   SI   DO   RÉ   MI   FA   SOL   LA.
            MI   FA   SOL   LA   SI   DO   RÉ   MI.
            SI   DO   RÉ   MI   FA   SOL   LA   SI.

L'élève doit chanter toutes ces gammes sur le ton
de la première , c'est-à-dire , qu'il doit conserver
l'intonation de la gamme d'*ut* naturel , et y substituer des noms de notes différens. Cette opération
ne lui sera pas plus difficile que s'il apprenait un air
de routine , et qu'en le chantant, au lieu de nommer les notes , il y substituât des paroles ; ainsi il
faut qu'il suppose que les noms différens qui se trouvent sous chaque note sont des paroles sur lesquelles
il chante l'air que nous donne la gamme ; c'est par
ce moyen , et quand il aura fait cet exercice pendant environ deux mois , qu'on pourra prouver à
l'élève qu'il sait exprimer les dièses et les bémols.
Cela étonnera le lecteur , peut-être , mais pourtant
rien n'est plus vrai ; par exemple :

En *sol* , qu'est-ce qu'un *fa* dièse , sinon une note
sensible ? et faisant appeler *ut* le son qu'auparavant
l'élève appelait *sol* , le *si* de ce nouvel *ut* , qu'il
entonnera sans hésiter , est-il autre chose qu'un *fa*
dièse relativement au ton du départ ? Et qu'est-ce
qu'un *si* bémol , sinon une sous-dominante ? Ainsi ,
qu'on lui fasse chanter la gamme d'*ut* naturel majeur, en lui faisant nommer *fa* le premier degré
ut , et ensuite qu'on lui fasse substituer la gamme
d'*ut* à celle de *fa* , et il verra que le *fa* de la gamme
d'*ut* n'est autre chose qu'un *si* bémol relativement
au point de départ.

Ex.   DO ₁ ton   RÉ ₁ ton   MI ₁|₂ ton   FA   SOL   LA   SI   DO

    FA♭ ₁ ton   SOL ₁ ton   LA ₁|₂ ton   SI♭   DO   RÉ   MI   FA

On est convaincu , d'après l'exemple , qu'en chantant la gamme d'*ut* majeur, et ensuite la même gamme en changeant seulement les noms des notes, sans changer les intonations, qu'on a fait dans la gamme de *fa* un demi-ton du *la* au *si*, tandis que, dans la gamme d'*ut* naturel, il y a un ton du *la* au *si*; c'est donc un *si* bémol que l'élève a exprimé, le *si* se trouvant, par ce moyen, baissé d'un demi-ton.

Mais on nous observera, peut-être, que l'élève nous a chanté les dièses et les bémols sans le savoir, qu'importe? Croit-on qu'il puisse faire une opération nouvelle sans s'en douter; et qui pourrait donc le savoir pour lui? Mais on veut nous observer que l'élève, en exprimant ce nouveau son, ne sait pas qu'on l'appelle dièse ou bémol; nous en convenons; mais lequel des deux vaut mieux de savoir, la chose ou le nom qu'elle porte, et par lequel faut-il commencer? Le nom doit-il entrer avant la chose dans son esprit? Il faudrait supposer alors que les noms ont existé avant les choses autour de nous.

Il ne nous reste donc qu'à faire connaître à l'élève les signes qui représentent les dièses et les bémols, et lui démontrer la manière de les placer au commencement d'un morceau ou accidentellement; tout cela sera développé dans la seconde partie.

DES CHOEURS.

La différence qui existe entre un *chœur à deux*, *à trois*, *à quatre voix*, etc., et un *duo*, un *trio*, un *quatuor*, etc., est que le chœur admet sur chaque partie un nombre indéterminé de voix de même espèce, tandis que le *duo*, le *trio*, etc., est chanté par une seule voie sur chaque partie.

Dans les leçons pratiques que nous donnerons à la fin de cette partie, il y aura des chœurs à deux voix, alors il faudra, pour procéder à leur exécution, partager le cours en deux sections; les voix aiguës, ensemble à la droite du professeur; les voix graves se placent à gauche et chantent la seconde partie.

Quand le chœur aura été exécuté dans son entier, on le reprendra en changeant de partie, pour exercer l'oreille à l'entente de l'ensemble par la pratique des détails; alors les voix aiguës chanteront la basse, et les voix graves la première partie.

Nous prions MM. les professeurs qui voudront bien accorder leur confiance à notre méthode, de ne pas aider l'élève de l'instrument; nous leur conseillons, au contraire, de l'habituer à prendre de lui-même l'intonation d'après le diapason. Voici la manière d'y procéder :

Le diapason donne un son soi-disant absolu, l'élève le fera vibrer et accordera sa voix au *son* produit qu'on a attribué au *la*; alors il montera la gamme jusqu'à l'*ut*, et prendra son octave grave, qui devra être le point de départ des premiers exercices. *Vid.* fig. 36.

13.ᵉ leçon
Tonique   Médiante   Dominante
do   re   mi   fa   sol
Note sensible   Octave
la   si   do   do
si   la   sol   fa
mi   re   do
Il   faut   sur
1.ᵉʳ Exercice sur le 1.ᵉʳ Tét.
do sol   re la   mi si   Fa do
ce même   exercice   faire
do sol
chanter   à l'élève le second   Tétracorde
c'est-à-dire lui faire appeler Sol le 1.ᵉʳ dégré   Do

14e leçon.
Etude de la
portée.
Notes essentielles
do   mi   sol   si
do
Notes intercalaires
re   fa   la
re

15.ᵉ leçon
Notes essentielles.
Notes intercalaires.

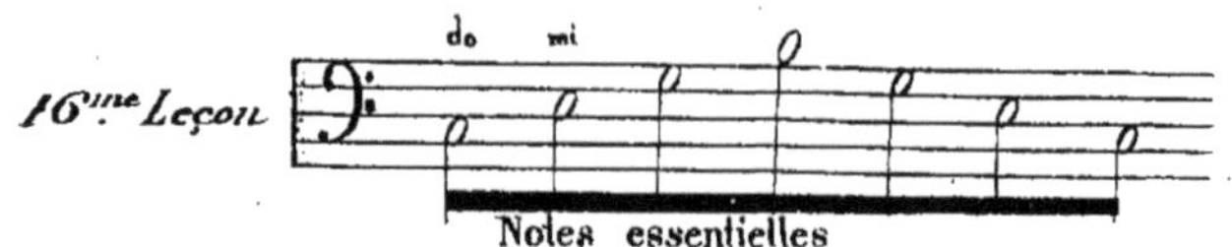
16me Leçon
do   mi
Notes essentielles

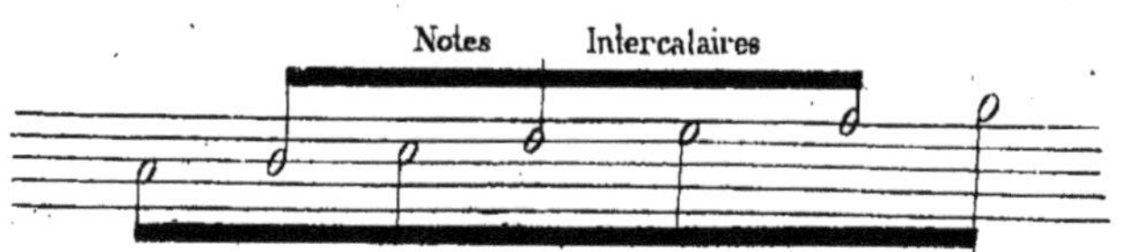
Notes   Intercalaires

* [Voir la manière de procéder à ces exercice Page 29, 30 & 31.]

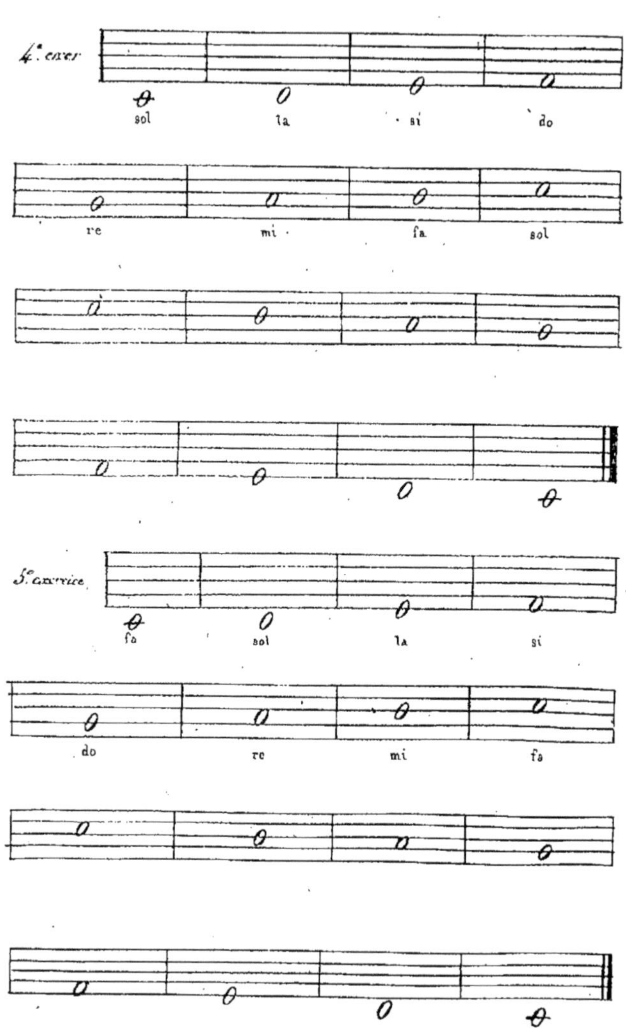
4e. exer
sol
la
si
do
re
mi
fa
sol
5e. exercice
fa
sol
la
si
do
re
mi
fa

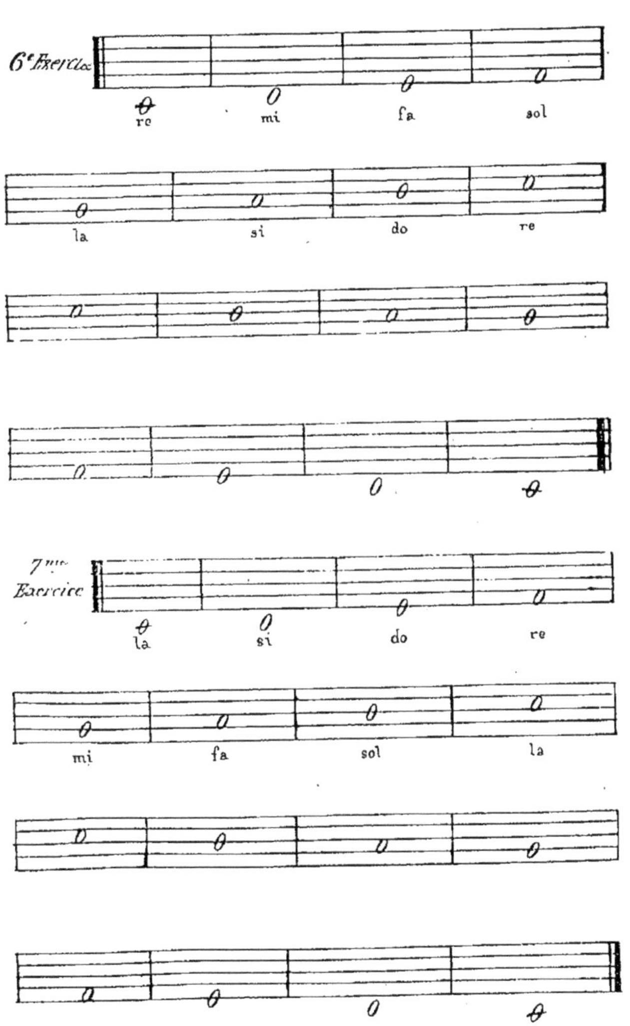
6.e Exercice
re mi fa sol
la si do re
7.me Exercice
la si do re
mi fa sol la

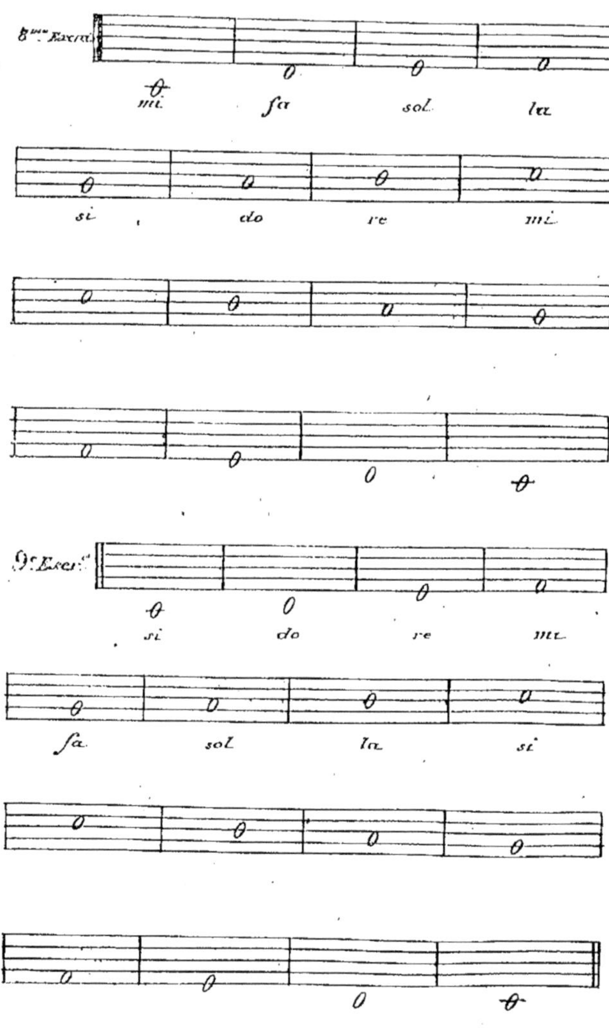

8.me Exerce
mi. fa sol la
si do re mi
9.e Exer.
si do re mi
fa sol la si

19.ᵉ leç.
Chœur à
2 Parties
do

* *le Chronomètre* devra avoir toute sa longeur.
4 Oscillations seront l'expression de la Ronde, 2 l'expression de la Blanche.
1. l'expression de la Noire.

21.e leçon

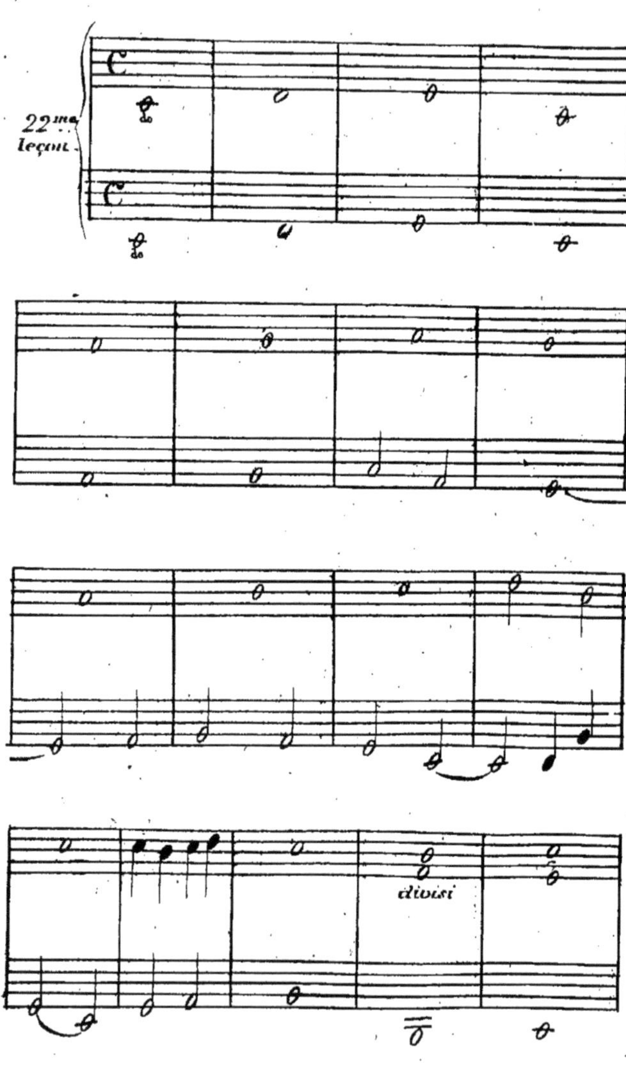
22.me
leçon.
divisi

23.1.

24.° leçon

Syncopes
25.e leçon.

26.ᵉ Leç.

Pour apprendre à exprimer les Valeurs et les
Silences.
Tonique
dom..
27 Leçon
28 Leçon
29 Leçon
Levé
à droite.
frappé

30.ᵉ Leçon
31.ʳᵉ Leçon
Tonique   Note sensible
32.ᵉ Leçon.

Dominante
33.e Leçon
Tonique
Note sensible
sus dominante   dominante

Ionique. Note sensible
Sus dominante
34 leçon
dominante. tous dominante

35 Leçon
tonique   médiante   dominante
sus dom.   sous dom.   note sensible

36e Leçon
Sus Tonique
Tonique
Médiante
Sous Dominante
Dominante
Sus Dominante
Note Sensible

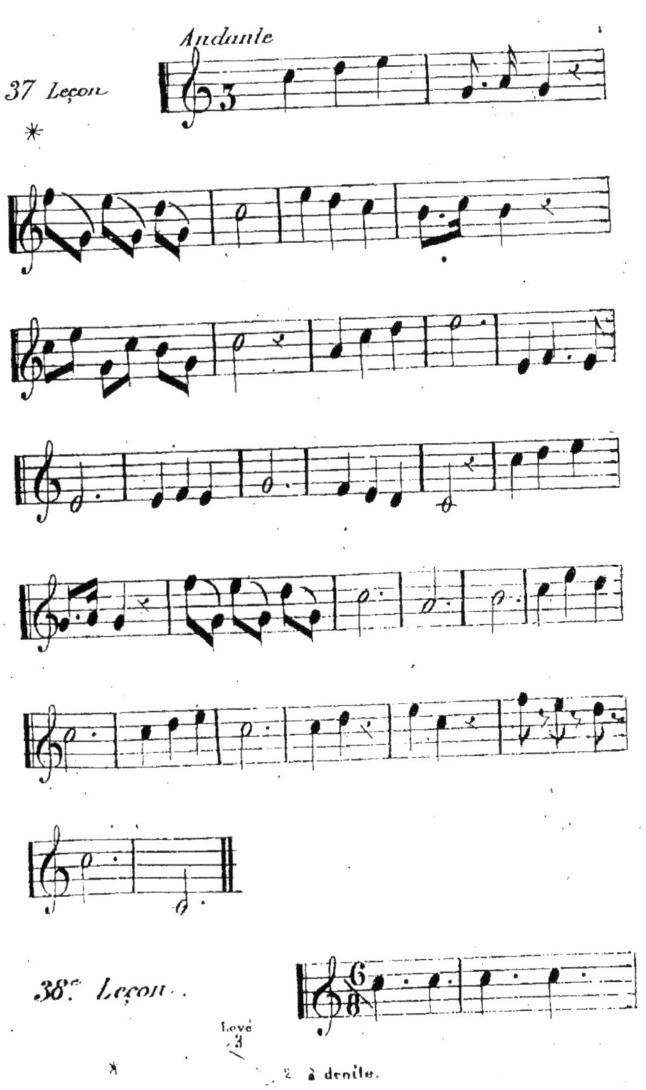

Andante
37 Leçon
*
38.e Leçon
Levé
3
2 à droite.
frappé

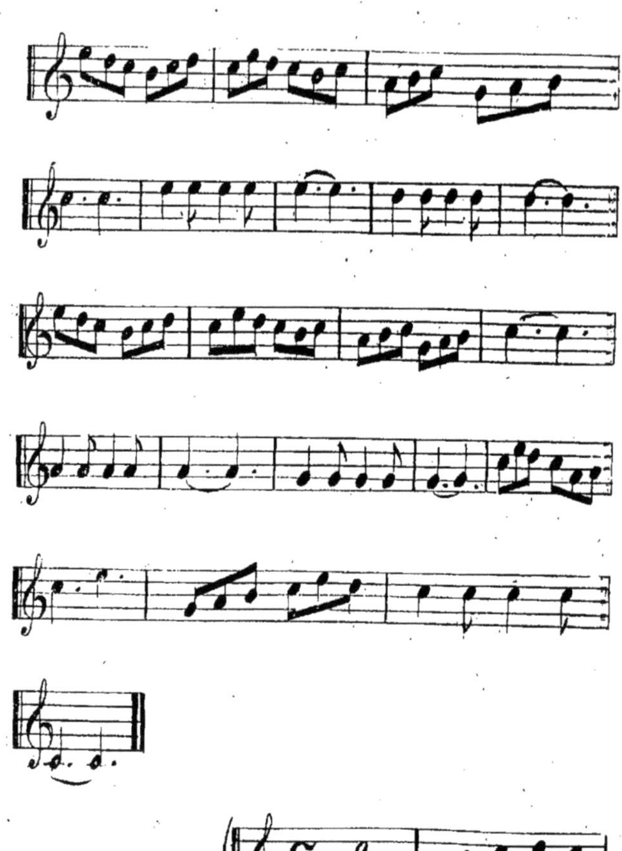

39.ᵉ Leçon

40.ᵉ Leçon.

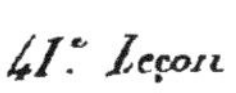
41.ᵉ Leçon

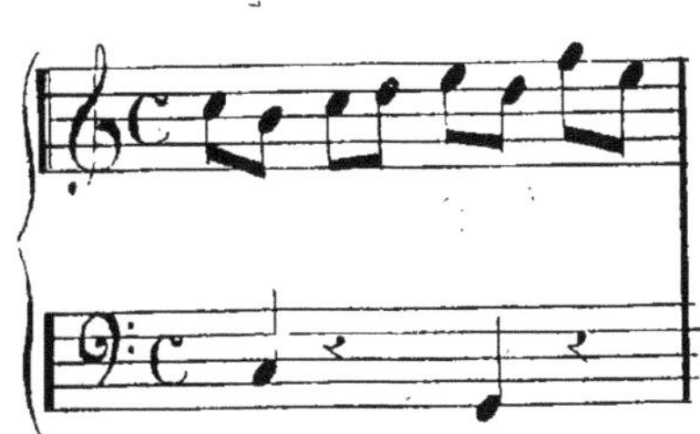

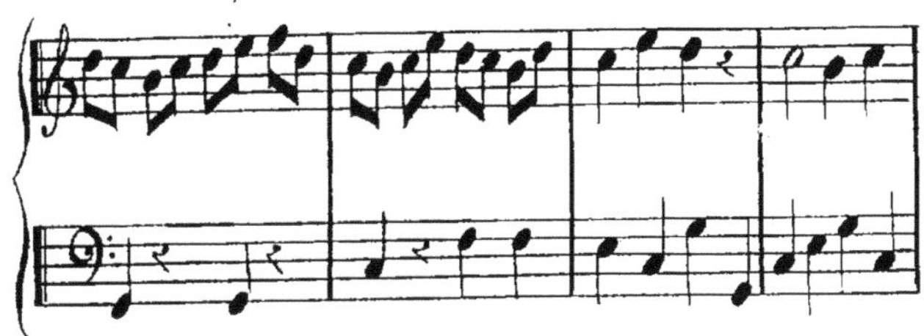

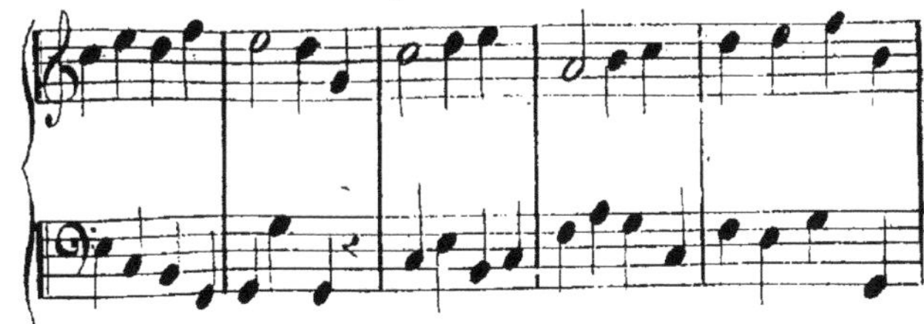

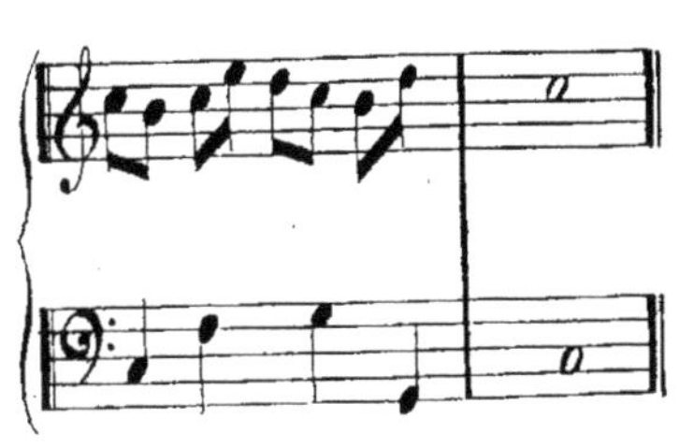

42 Leçon

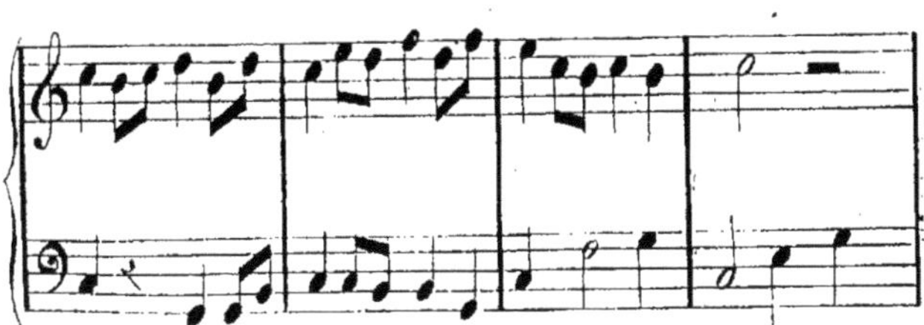

FIN DE LA PREMIÈRE PARTIE.

COURS PANAMÉLODIQUE.

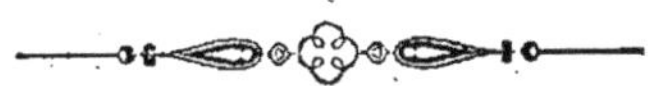

DEUXIÈME PARTIE.

SIGNES D'ALTÉRATION.

Dièse, Bémol et Bécarre.

43.ᵐᵉ Leçon.

Règle générale. A chaque nouvelle modulation à la dominante, il arrive un nouveau dièse sur la sous-dominante du ton que l'on quitte, laquelle devient la sensible du nouveau ton ; et, à chaque modulation à la sous-dominante, il arrive un nouveau bémol sur la note sensible du ton que l'on quitte, laquelle devient sous-dominante du nouveau ton, ce qui nous convertit, pour les dièses, la note sensible *si* de la gamme d'*ut* (ou *do*) en *fa* dièse, le *fa* dièse en *do* dièse, etc., etc., ce que nous représentons par le tableau de la génération des dièses et des bémols à la page 88.

Il résulte de ces deux tableaux les mots que l'on trouve en tête de tous les solféges, sans autres explications.

Les dièses se posent de quinte en quinte en montant, ou de quarte en quarte en descendant, et les
bémols de quinte en quinte en descendant, ou de
quarte en quarte en montant.

Le *dièse* sert donc à hausser la note d'un demi-
ton, le *bémol* à la baisser d'un demi-ton ; le *bécarre* remet dans son ton naturel la note accidentée
par le *dièse* ou le *bémol*.

EXEMPLE.

> Par *dièses* : *mi* $_{1\,\text{ton}}$, *fa* dièse $_{1|2\,\text{ton}}$, *sol* comme
> *la* $_{1\,\text{ton}}$, *si* $_{1|2\,\text{ton}}$, *do.*
> Par *bémols* : *la* $_{1|2\,\text{ton}}$, *si* bémol $_{1\,\text{ton}}$, *do* comme
> *mi* $_{1|2\,\text{ton}}$, *fa* $_{1\,\text{ton}}$, *sol.*
> Du *bécarre* : *la* $_{1\,\text{ton}}$, *si* bécarre $_{1|2\,\text{ton}}$, *do* comme
> dans la gamme d'*ut*, *la* $_{1\,\text{ton}}$, *si* $_{1|2\,\text{ton}}$, *do.*

Ces trois signes, employés ainsi, se nomment
accidentels, et n'agissent que dans la mesure et sur
les mêmes notes devant lesquelles ils sont placés.
Pour en faire l'expérience, supposons deux mesures
à quatre temps composées de huit croches ou
huitièmes.

EXEMP. N.º 1. | DO DO *dièse* MI RÉ DO *bécarre* RÉ MI RÉ |

N.º 2. | DO SI SI *bémol* LA SI *bécarre* DO MI RÉ |

Dans l'exemple N.º 1, la seconde note *do* est
haussée par un *dièse*, et la cinquième note *do* est
remise dans le ton d'UT naturel par le *bécarre*,
c'est-à-dire, à l'unisson de la première note *do*.

EXEMPLE N.º 2. La troisième note *si* est bémolisée,

mais, par le secours du bécarre, la cinquième note *si* est remise dans son état naturel, c'est-à-dire, à l'unisson de la seconde note *si*. Ces signes, employés ainsi, se nomment *accidentels*.

Il y a un autre moyen d'employer ces signes, c'est de les placer au commencement d'un morceau de musique pour en déterminer le ton ; mais alors ils altèrent toutes les notes qu'ils indiquent par les places qu'ils occupent, et l'altération existe pendant toute la durée du morceau, à moins qu'on n'ait détruit l'effet du dièse ou du bémol par l'emploi du bécarre. Nous donnons ci-après la marche qu'on doit suivre pour placer ces accidens, quoique nous en ayons déjà donné une théorie dans les tableaux de la génération des dièses et des bémols.

RÈGLE GÉNÉRALE. On place au commencement de tout morceau de musique les accidens nécessaires pour en déterminer le ton, à moins que le morceau écrit soit en *ut* majeur, qui n'en a pas besoin.

Il y a autant de *dièses* et de *bémols* que de notes, on peut donc les accidenter toutes ; mais il y a une règle à observer pour placer ces signes.

RÈGLE. Les *dièses* se posent en commençant par le *fa*, de quinte en quinte en montant, ou de quarte en quarte en descendant, et les *bémols* se posent en commençant par le *si*, de quarte en quarte en montant, ou de quinte en quinte en descendant.

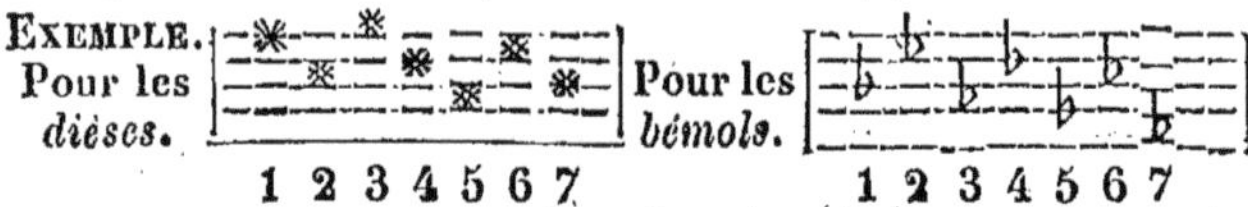

Il y a aussi le double *dièse* (✕ ou ✺) qui hausse la note d'un ton , et le double *bémol* (bb) qui la baisse d'un ton également.

On voit, d'après l'exemple , que le premier *dièse* posé est *fa* , le deuxième *do* , etc. , et que le *si* est le premier *bémol* posé , le *mi* le deuxième, etc.

Dans la première partie de notre ouvrage , nous n'avons parlé que de la gamme d'*ut* naturel, modèle de toutes les gammes majeures ; nous disons modèle de toutes les gammes majeures , parce qu'elles doivent se correspondre exactement par leurs tons et leurs demi-tons ; c'est ce qui a mis dans l'obligation de créer les *dièses* et les *bémols* , et de les poser de quinte en quinte en montant pour les *dièses* , et de quarte en quarte en montant pour les *bémols*.

Nous allons donner un tableau théorique de toutes les gammes majeures , tant *diésées* que *bémolisées* , où l'on verra que les accidens n'ont été placés que pour faire correspondre les *demi-tons* avec ceux de la gamme-modèle.

TABLEAU DE TOUTES LES GAMMES MAJEURES DIÉSÉES.

*Gamme d'*UT naturel :			DO 1 ton	RÉ 1 ton	MI 1|2 ton	FA 1 ton	SOL 1 ton	LA 1 ton	SI 1|2 ton	DO
Id.	SOL	1 *dièse*	SOL	LA	SI 1|2 ton	DO	RÉ	MI	FA *dièse*	SOL
Id.	RÉ	2 *id.*	RÉ	MI	FA *dièse*	SOL	LA	SI	DO *dièse*	RÉ
Id.	LA	3 *id.*	LA	SI	DO *dièse*	RÉ	MI	FA *dièse*	SOL *dièse*	LA
Id.	MI	4 *id.*	MI	FA *dièse*	SOL *dièse*	LA	SI	DO *dièse*	RÉ *dièse*	MI
Id.	SI	5 *id.*	SI	DO *dièse*	RÉ *dièse*	MI	FA *dièse*	SOL *dièse*	LA *dièse*	SI
Id.	FA	6 *id.*	FA *dièse*	SOL *dièse*	LA *dièse*	SI	DO *dièse*	RÉ *dièse*	MI *dièse*	FA *dièse*
Id.	DO	7 *id.*	DO *dièse*	RÉ *dièse*	MI *dièse*	FA *dièse*	SOL *dièse*	LA *dièse*	SI *dièse*	DO *dièse*

D'après le tableau , on doit être suffisamment convaincu que les *dièses* n'ont été posés que pour faire trouver les demi-tons du troisième au quatrième degré , et du septième au huitième. Il est évident que le *fa*, dièse dans la gamme de *sol*, n'est autre chose qu'une note sensible , et qu'il n'est pas plus difficile à l'élève de l'exprimer, que s'il chantait la note sensible de la gamme d'*ut* naturel majeur.

Egalement dans la gamme d'*ut dièse* majeur (sept *dièses*), il est facile de concevoir que , si, par l'effet du *dièse*, on a haussé d'un demi-ton la première note *do*, on a été obligé d'accidenter le *ré* pour faire trouver un ton du *do* au *ré*, et successivement pour toutes les autres notes ; ainsi la gamme d'*ut dièse* (sept dièses à la clef) n'est pas plus difficile à chanter que celle d'*ut* naturel majeur , puisqu'elle est composée des mêmes intervalles ; elle est seulement sur un diapason plus élevé.

Il en est encore de même pour les gammes bémolisées , sauf ce qui touche le *si bémol*, qui , dans la gamme de *fa*, au lieu de représenter une note sensible, représente une sous-dominante, comme nous l'avons expliqué dans la première partie.

VOICI LE TABLEAU DE TOUTES LES GAMMES MAJEURES BÉMOLISÉES COMPARÉES A CELLE D'*UT* NATUREL.

———

Gamme d'UT naturel :		»	DO 1 ton	RÉ 1 ton	MI 1/2 tou	FA 1 ton	SOL 1 tou	LA 1 tou	SI 1/2 ton	DO
Id.	FA *majeur*	1 *bémol*	FA	SOL	LA *id.*	SI *bémol*	DO	RÉ	MI *id.*	FA
Id.	SI *bémol*	2 *id.*	SI *bémol*	DO	RÉ *id.*	MI *id.*	FA	SOL	LA *id.*	SI *bémol*
Id.	MI *id.*	3 *id.*	MI *id.*	FA	SOL *id.*	LA *id.*	SI *bémol*	DO	RÉ *id.*	MI *id.*
Id.	LA *id.*	4 *id.*	LA *id.*	SI *bémol*	DO *id.*	RÉ *id.*	MI *id.*	FA	SOL *id.*	LA *id.*
Id.	RÉ *id.*	5 *id.*	RÉ *id.*	MI *id.*	FA *id.*	SOL *id.*	LA *id.*	SI *bémol*	DO *id.*	RE *id.*
Id.	SOL *id.*	6 *id.*	SOL *id.*	LA *id.*	SI *bémol*	DO *id.*	RÉ *id.*	MI *id.*	FA *id.*	SOL *id.*
Id.	d'UT *id.*	7 *id.*	DO *id.*	RÉ *id.*	MI *id.*	FA *id.*	SOL *id.*	LA *id.*	SI *bémol*	DO *id.*

Comparativement au tableau des gammes par *dièses*, on doit voir que les *bémols* n'ont été posés que pour faire trouver les demi-tons du troisième au quatrième degré, et du septième au huitième. Quant à la gamme d'*ut bémol*, la tonique *do* ayant été baissée par un bémol, on a été obligé, pour conserver les intervalles de la gamme d'*ut* naturel, d'accidenter toutes les notes comme dans la gamme d'*ut dièse ;* ainsi les distances d'un degré à l'autre étant les mêmes que dans la gamme-modèle, il est évident qu'il n'y a pas plus de difficulté pour l'élève à chanter cette gamme qu'à celle d'*ut naturel ;* seulement elle se trouve, par l'effet du *bémol*, sur un diapason un peu plus bas.

DES HOMONYMES.

44.me Leçon.

Pour ce qui concerne la musique vocale, nous pourrions arrêter à ce point l'étude des tons effectifs ; car, dès que l'on sait chanter la gamme d'*ut* naturel, et les trois premiers tons par *dièses*, et les trois premiers par *bémols*, on sait pratiquer les quinze gammes de notre système musical ; par la raison qu'au delà de ces trois premiers, on retrouve les mêmes appellations et les mêmes positions sur la portée, n'ayant que sept syllabes à notre disposition , il est évident qu'elles se répètent dans l'une et dans l'autre série , par exemple :

Quelle différence peut-on trouver dans les gammes d'*ut dièse*, d'*ut bémol* et d'*ut naturel?* Evidemment on n'en trouve aucune , car ce sont les mêmes mots et les mêmes positions ; mais , nous dira-t-on , les notes sont armées dans l'une , et naturelles dans l'autre. — Qu'importe , lorsqu'on chante en *ut dièse* , *ut bémol* , ou *ut naturel* , prononce-t-on *ut dièse* ou *ut bémol?* Non , car on appelle ces notes comme s'il n'y avait point d'accidens ; on n'a donc qu'un seul alphabet pour les trois gammes d'*ut naturel*, d'*ut dièse* et d'*ut bémol*.

Il y a plus, c'est que, toutes les gammes étant semblables entre elles , si vous solfiez en *ut dièse* , tout se passe dans votre esprit comme si les *dièses* étaient effacés ; il n'y a que la différence du diapason qui se trouve un peu plus élevé , différence qui n'est sensible que quand on quitte un autre *ton* , car , si l'on chantait séparément la gamme d'*ut dièse* et celle d'*ut naturel* , on ne s'en apercevrait pas.

Il résulte de cette réflexion , que la gamme d'*ut* supplée à celle d'*ut dièse* et d'*ut bémol* ; ainsi , de trois reste une; par exemple :

Les trois gammes par dièses : SOL , RÉ , LA.

Gammes de							
SOL	LA	SI	DO	RÉ	MI	FA *dièse*	SOL
RÉ	MI	FA *dièse* SOL	LA	SI	DO *dièse*	RÉ
LA	SI	DO *dièse* RÉ	MI	FA *dièse* SOL *dièse*	LA

Donnent la clef des trois gammes par bémols : SOL *bémol* , RÉ *bémol* , LA *bémol*.

Gammes de							
SOL *bémol*	LA *bémol*	SI *bémol*	DO *bémol*	RÉ *bémol*	MI *bémol*	FA	SOL *bémol*
RÉ *bémol*	MI *bémol*	FA	SOL *bémol*	LA *bémol*	SI *bémol*	DO	RÉ *bémol*
LA *bémol*	SI *bémol*	DO	RÉ *bémol*	MI *bémol*	FA	SOL	LA *bémol*.

Et les trois gammes par bémol : FA , SI , MI.

Gammes de							
FA	SOL	LA	SI *bémol*	DO	RÉ	MI	FA
SI *bémol*	DO	RÉ	MI *bémol*	FA	SOL	LA	SI *bémol*
MI *bémol*	FA	SOL	LA *bémol*	SI *bémol*	DO	RÉ	MI *bémol*

Donnent la clef des trois gammes par dièses : FA *dièse* , SI *dièse* , MI.

Gammes de							
FA *dièse*	SOL *dièse*	LA *dièse*	SI	DO *dièse*	RÉ *dièse*	MI *dièse*	FA *dièse*
SI	DO *dièse*	RÉ *dièse*	MI	FA *dièse*	SOL *dièse*	LA *dièse*	SI
MI	FA *dièse*	SOL *dièse*	LA	SI	DO *dièse*	RÉ *dièse*	MI.

Notre système se réduit donc à reconnaître sept gammes au lieu de quinze, savoir :

Une gamme naturelle. . . . 1
Trois par dièses. 3
Trois par bémols. 3

En tout, 7 gammes.

La seule différence qu'il y a entre deux gammes homonymes, indépendamment de celle d'un *demi-ton* de leur élévation ou de leur abaissement, est, que l'ordre des idées qui mène à l'une, n'est pas le même qui mène à l'autre, la génération des gammes par *dièses* s'obtenant en modulant à la *dominante*, et celles par bémols étant le résultat des modulations à la *sous-dominante*.

Deux gammes *homonymes* comportent ensemble sept *accidens* ; ainsi, par exemple :

Si l'on veut savoir combien d'*accidens* comporte le *ton* de *sol bémol*, on prend son *homonyme* sol (un dièse), et l'on compte les accidens de nature différente qu'il faut pour former le nombre sept, et l'on verra que c'est six *bémols* ; six *bémols* et un *dièse* à son *homonyme* font sept.

Si l'on veut savoir le nombre d'accidens qu'il y a en *fa dièse*, on prend son homonyme *fa* (un bémol), et l'on compte jusqu'au nombre sept d'*accidens* de nature différente, ce qui donne *six dièses ;* donc le *ton* de *fa dièse* comporte six accidens.

Il résulte de cette remarque que, plus un ton

est chargé d'accidens, plus il est facile à solfier, car son homonyme en est plus simple ; il est donc évident qu'on ne chante jamais avec plus de trois *dièses* ou de trois *bémols* à la clef, vu que, si le morceau écrit contient cinq *dièses*, son *homonyme* ne contient que deux *bémols*, et, s'il contient six *bémols*, son *homonyme* ne contient qu'un dièse ; il n'y a donc qu'à additionner en partant du nombre *d'accidens* posés à la clef, et en ajouter autant de nature différente qu'il en faut pour former le nombre sept, et ce sera le nombre ajouté qui nous donnera l'homonyme.

Il est dès lors facile de conclure, de ce qui précède, que la difficulté pour le lecteur est d'autant moindre, que l'écrivain aura feint de la rendre plus grande, bien entendu que nous ne parlons ici que de vocale ; car, s'il s'agissait d'instrumens, il faudrait pour chaque *ton* un doigté différent.

Nous donnons ci-après des leçons pour se familiariser avec les dièses et les bémols, mais l'élève ne devra les chanter qu'après avoir solfié dans tous les *tons* les leçons de la première partie.

La 46.me leçon devra être chantée sur la lettre A, c'est ce qu'on appelle *vocaliser*; chanter en nommant les notes, c'est solfier.

DES INTERVALLES.

45.me Leçon.

Un intervalle est l'appréciation plus ou moins grande de la distance qui existe entre l'intonnation d'une note et celle qui la précède ou qui la suit.

Un *ton* est composé de deux demi-tons : l'un *chromatique*, et l'autre *diatonique*. Le *demi-ton diatonique* est celui dont les deux notes portent un nom différent ; le *chromatique*, les deux notes portent le même nom, mais l'une des deux est accidentée par le *dièse* ou le *bémol*.

L'intervalle d'un *demi-ton chromatique* est plus grand que celui d'un *demi-ton diatonique* ; cette différence est évaluée à un neuvième de ton ou neuf *comma*, exemple :

```
         demi-ton chromatique.     demi-ton diatonique.
               DO              DO dièse          RÉ
Comma... |_______________|________________|
             1  2  3  4  5  6  7  8  9
             |           |              |
             DO          RÉ bémol       RÉ
         demi-ton diatonique.     demi-ton chromatique.
```

L'intervalle de {
Seconde est composé d'un ton ;

Tierce .... de deux tons ;

Quarte .... de deux tons et demi ;

Quinte .... de trois tons et demi ;

Sixte .... de quatre tons et demi ;

Septième .... de cinq tons et demi ;

Octave .... de cinq tons et deux demi-tons.

Ce sont les intervalles *naturels* , parce qu'ils ne sont altérés par aucun *dièse* ou *bémol* étrangers à la gamme du ton où l'on est.

Ces intervalles peuvent être *majeurs* , *mineurs* , *augmentés* ou *diminués* : plus loin nous en donnons le tableau que l'élève devra reproduire dans tous les tons.

Les intervalles peuvent aussi être renversés , alors la *seconde* devient septième , la tierce devient *sixte* , etc. ; ce que nous pouvons représenter par un exemple numérique.

Nota. Les chiffres du rang inférieur indiquent les intervalles renversés provenant du rang supérieur, exemple :

1. unisson 2.de 3.ce 4.te 5.te 6.te 7.me 8.ve

devient ... devient devient devient devient devient devient devient

8.ve 7.me 6.te 5.te 4.te 3.te 2.de 1. unisson.

Nous donnons , à la pag. 89 , le tableau des *intervalles* que l'élève devra reproduire dans tous les tons ; par ce moyen , il apprendra à connaître les *intervalles majeurs* , *mineurs* , *augmentés* ou *diminués.*

On peut voir, d'après l'ordre du tableau, que, quand l'*intervalle majeur* est trouvé, il est facile de trouver le *mineur*, le *diminué* ou l'*augmenté*, puisqu'ils ne diffèrent entr'eux que d'un *demi-ton*, savoir :

L'*intervalle* de seconde, *do — ré* naturel, est majeur ; si nous voulons avoir l'*augmenté*, nous mettrons un *dièse* devant le *ré* ; si nous voulons le *mineur*, nous mettrons un *bémol* devant le *ré* ; si nous voulons le *diminué*, nous y mettrons un *double bémol*.

Il y a un moyen bien simple pour connaître les intervalles, et savoir si l'on fait un accord majeur, c'est de faire appartenir le *ton* à la note de laquelle on part ; ainsi, supposons que la note de départ soit *do* naturel, si nous voulons savoir quelle est sa *tierce majeure*, nous n'avons à compter que trois degrés en partant de la note *do* ; exemple : *do . ré . mi*, l'intervalle *do . mi* nous donne donc une *tierce* ; nous l'appellerons *majeure*, parce que le *mi* est naturel, c'est-à-dire, tel que nous le donne la gamme de *do*.

Prenons maintenant la note *ré* ; nous savons qu'en *ré*, il y a deux *dièses* à la clef, *fa* et *do* ; si nous voulons savoir quelle est sa *tierce majeure*, nous ferons la même opération que ci-dessus, et nous dirons *ré* et *fa dièse* pour obtenir la *tierce majeure*, parce que le *fa* est *dièse* dans la gamme de *ré*. Il résulte de ces considérations, que tous les invervalles d'une gamme majeure sont majeurs en laissant les accidens tels qu'ils sont à la *clef ;* ainsi, quand on a trouvé le *majeur*, il est facile de trouver le *mineur*, le *diminué* ou l'*augmenté*, puisqu'il n'y a qu'à baisser graduellement, ou augmenter d'un demi-ton, en partant du *majeur* et du *mineur*.

Nota. Une erreur ayant été commise dans la pagination de la musique, nous prévenons nos lecteurs que la pag. 77 correspond à 81, et ainsi de suite jusqu'à la page 88.

46e
Leçon

F
F
3
p
F
FF
FF
F
FF
p
pp
p
pp
p
pp

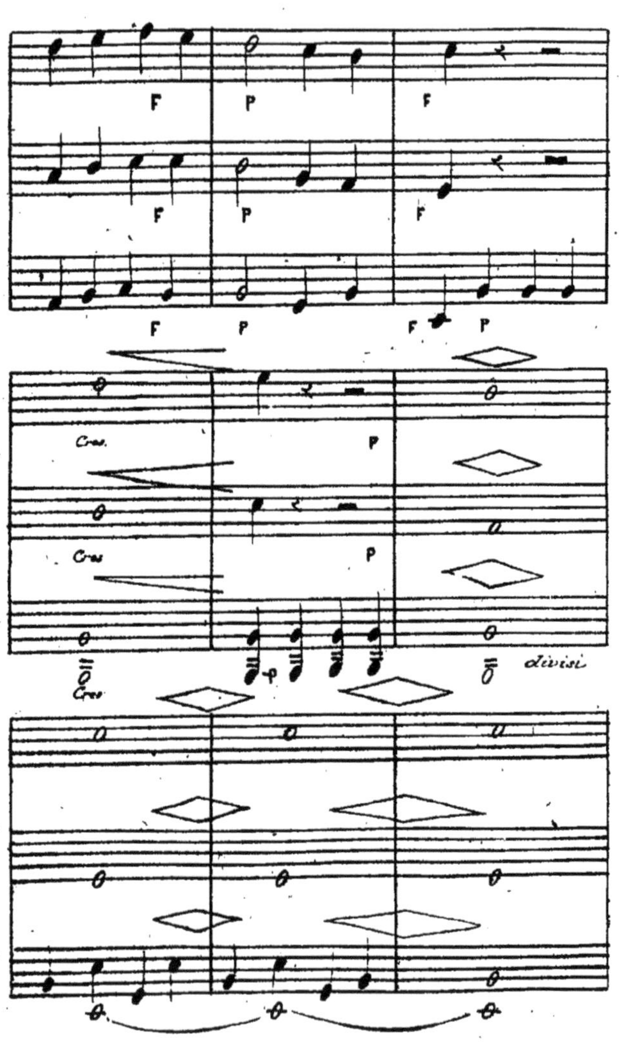
F
P
F
F
P
F
F
P
F   P
Cres.
P
P
Cres.
P
divisi
Cres.

CHŒUR DE DON JUAN,

MOSART

la vie est un vo ya ge é
gayons son pas sa ge par d'in — no
cents plai sirs
Chan
Ri ons
tons

Ri ons
Chan
E ga yons le pas- sa ge par
tons
d'in -no cents plai - sirs par
d'in - no cents plai sirs.

GÉNÉRATION DES DIÈZES,

GAMME DE

							ORDRE DES DIÈZES COMMENÇANT PAR LE Fa
D'UI {	Do	Ré	Mi	Fa			
	Sol	La	Si	Do }	Sol 1.dièse	*	Fa#
RÉ 2.dièses {	Ré	Mi	Fa#	Sol }			Do#
	La	Si	Do#	Ré }	La 3.dièse	GAMME DE	Sol#
MI 4.Dièses {	Mi	Fa#	Sol#	La }			Ré#
	Si	Do#	Ré#	Mi }	Si# 5.dièse		La#
Fa# 6.Dièzes {	Fa#	Sol#	La#	Si }			Mi#
	Do#	Ré#	Mi#	Fa# }	Do# 7.dièse		Si#
	Sol#	La#	Si#	Do }			**

GÉNÉRATION DES BÉMOLS.

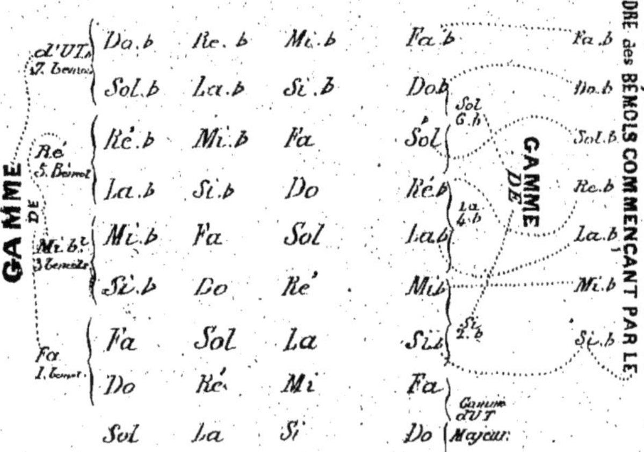

TABLEAU
des intervalles.

L'élève devra reproduire ce tableau dans tous les tons.

* Nous avons marqué l'unisson d'un zéro.

Secondes.

diminuée	mineure	majeure	augmentée
Unisson 0	½ ton enharmonique	½ ton.	1 ton.	1 ton et 1 ½ ton.

Tierces.

dim.	min.	maj.	aug.
1 ton	1 ton et 1 ½ ton	2 tons	2 tons et 1 ½ ton.

Quartes.

dim.	juste ou parfaite	aug.
2 tons.	2 tons et 1 ½ ton	3 tons.

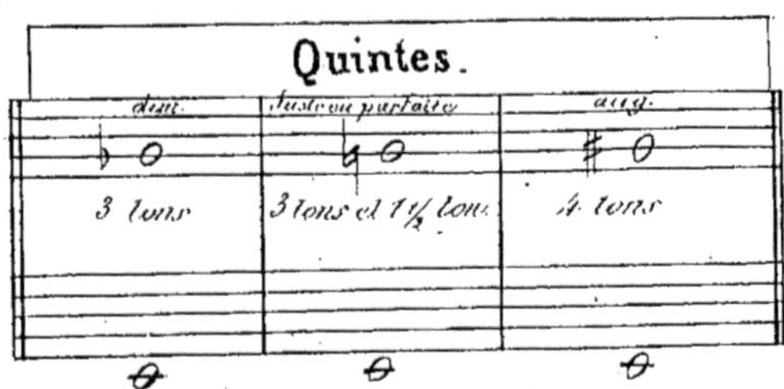
Quintes.
dim.
juste ou parfaite
aug.
3 tons
3 tons et 1½ ton.
4 tons
Sixtes.
dim.
min.
maj.
3 tons et 1½ ton
4 tons
4 tons et 1½ ton
5 tons

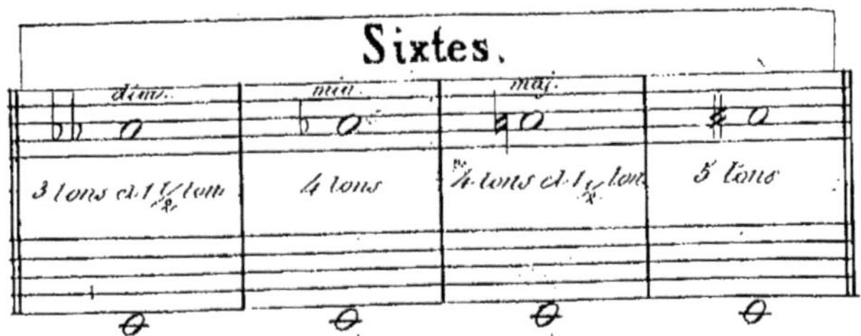
Septièmes.
Octave.
3 tons & 3½ tons
4 tons & 2½ tons
5 tons & 1½ tons
6 tons.
5 tons & 2½ tons

Ton Primitif Un
P
P.
P.
3   3
3
Mod. à la

dominante ton de Sol
Modul.on à la dom. ton de Ré
Mod. à la domin.

Ton de La.
Ton Primitif

Mod. à la sous domi. ton de FA
Mod. à la sous dominante ton de Si b.

Modulation
à la sous dom. ton de Mi b.

Ton Primitif.

DES MODES.

48.me Leçon.

Une gamme est majeure ou mineure, c'est le mode qui la détermine.

La gamme majeure a pour base un accord majeur, et la gamme mineure est fondée sur un accord mineur.

En majeur, les demi-tons se trouvent du troisième au quatrième degré, et du septième au huitième, et en mineur, ils se trouvent du second au troisième, du cinquième au sixième et du septième au huitième. Exemple.

*Gamme d'*UT *majeur.*

DO RÉ MI ₁|₂ ton FA SOL LA SI ₁|₂ ton DO.

Gamme mineure : LA *mineur.*

LA SI ₁|₂ ton DO RÉ MI ₁|₂ ton FA SOL¹|² ton dièse LA

Il y a un grand nombre de professeurs qui sont dans l'usage de faire monter une gamme mineure en altérant deux notes au lieu d'une, et de la faire descendre sans accidens. Exemple.

Gamme de LA *mineur.*

LA SI DO RÉ MI FA dièse SOL dièse LA

LA SOL bécarre FA bécarre MI RÉ DO SI LA

7

Nous sommes loin d'approuver cette licence, vu que d'un relatif de première classe on en fait un relatif de deuxième classe ; et d'ailleurs, au moyen de l'accident placé devant le FA, on fait une modulation, et on perd, par ce moyen, un accord majeur qui se trouve sur le sixième degré d'une gamme mineure.

Nous conseillons donc à l'élève de descendre la gamme mineure avec les mêmes accidens que l'on trouve en montant ; d'ailleurs, ne le fait-on pas en majeur ? et, la gamme en descendant se trouvant la même répétition de celle en montant, doit-on l'altérer et lui faire perdre sa qualité de mineure ? Alors, de quels noms qualifier les relatifs s'ils le sont en montant, et qu'ils perdent leur qualité en descendant : on pourrait les appeler neutres.

Ainsi, qu'on prenne pour règle que tout relatif ne diffère de sa gamme majeure que par un seul accident placé sur la quinte du ton majeur, qui se trouve alors note sensible du nouveau ton.

On appelle *relatifs* deux gammes qui ont un grand rapport entre elles, comme la gamme d'*ut majeur* et celle de *la mineur*, qui ne diffèrent l'une de l'autre que par un seul accident, qui est *sol dièse*, et se trouve dans la gamme de *la mineur* pour rapprocher le *sol* de la tonique *la*.

En effet, comment avoir plus de rapport dans les deux accords de la tonique du *mode majeur* et de celle de *la mineur*. Exemple.

Accord majeur d'ut {SOL / MI / UT} notes communes {MI / UT / LA} accord mineur de LA.

C'est ce lien, ce rapport entre les deux accords qui lui ont fait prendre le nom de *relation* ; aussi dit-on que les accords d'*ut majeur* et de *la mineur* sont *relatifs*. On devra remarquer aussi que leurs fondamentales sont à une *tierce mineure* (un ton et demi) d'intervalle ; c'est la plus élevée des deux toniques qui appartient au majeur ; l'inférieure appartient au mineur.

Il faut donc, avant de commencer à solfier un morceau dans le ton mineur, poser *l'accord* de tonique *mineur*, comme nous l'avons fait du *majeur*. Mais, si nous chantons les notes qui composeraient cette gamme, en y ajoutant l'octave de sa tonique,

1   2   3   4   5   6   7   8^{ve}

LA SI DO RÉ MI FA SOL.....LA

arrivé au septième degré *sol*, nous ne sentirons pas, comme sur le *si* de la gamme d'*ut majeur*, le besoin de faire un pas de plus ; c'est que, du *sol* au *la*, il y a une seconde majeure, et par ce moyen, il n'y aurait point de note sensible ; et, d'ailleurs, aucune des conditions de la gamme d'*ut majeur* n'ayant été détruite, nous ne sommes pas sortis de ce ton, et que, pour changer de gamme, il faut, au moins, altérer une des notes de celle que l'on quitte.

Nous allons donc supprimer le *sol* et le remplacer par son intercalaire *sol dièse*, moyennant quoi notre gamme sera complète.

Gamme de LA *mineur*
$$\left.\begin{array}{l} \text{LA} \\ \text{SOL } \textit{dièse} \\ \text{FA} \\ \text{MI} \\ \text{RÉ} \\ \text{DO} \\ \text{SI} \\ \text{LA} \end{array}\right\}$$

Nous étant familiarisé avec l'air de la gamme majeure, ce ne sera qu'avec beaucoup de précautions que nous parviendrons à chanter celle qui nous occupe.

La gamme d'*ut majeur* et celle de *la mineur* ont six notes communes ; elles ont pour cette raison autant de relation que peuvent en avoir deux gammes de *mode* opposés ; ainsi le passage de l'une à l'autre doit s'opérer facilement. Exemple.

*Gamme d'*UT   DO RÉ MI FA SOL   LA SI DO
Gamme de LA *mineur* LA SI DO RÉ MI FA SOL*dièse* LA » »

C'est ce rapport intime des deux gammes qui est exprimé par le mot *relatif*.

Ainsi, la *gamme d'*UT *majeur* a pour RELATIVE la *gamme de* LA *mineur*, et réciproquement UT *majeur* est le RELATIF de LA *mineur*. Il en est de même pour tous les tons qui ont également leur *relatif* une tierce mineure plus bas que son *majeur*.

Comme il arrive souvent que les élèves se trompent en prenant pour relatif une tierce au dessus au lieu de la prendre au dessous, nous pourrons prévenir cet inconvénient, en faisant remarquer que, les termes de l'intervalle de tierce reposent sur les barreaux de même couleur, on sera sûr de ne pas se tromper en prenant pour tonique mineure relative la note qui se trouve sur le barreau semblable, au dessous de la tonique majeure.

ARMURE DE LA CLEF POUR LE MODE MINEUR.

49.me Leçon.

Règle générale. La clef et son armure n'indiquent jamais que le mode majeur ; c'est un des inconvéniens du système usuel qui jette le plus de trouble et de confusion dans les idées, et que l'on voudrait faire disparaître pour la facilité des commençans.

Comme les accidens placés à la clef ne se rapportent qu'au majeur, quoiqu'ils intéressent aussi son mineur relatif, il peut exister, à cet égard, un moment d'incertitude dans l'esprit de l'élève, et toute incertitude sur la tonalité et le mode est préjudiciable à la netteté de l'intonation.

Voici les règles qu'on a posées pour remédier à cet inconvénient.

Si la dominante du ton annoncé par l'armure de la clef paraît dans les premières mesures, ou est en majeur; pour que l'on fût en mineur, il faudrait que cette dominante fût accidentée. Mais il y a un nombre d'airs où cette dominante se fait attendre ou ne paraît pas du tout; d'autres, où une modulation a déplacé la tonalité avant qu'elle ait paru.

Nous avons dit, à la pag. 16, que tout morceau de musique commence généralement par l'une des notes de l'accord de la tonique : *tonique*, *médiante*, *dominante*; mais la plupart des mélodistes ignorent ce que c'est qu'un accord. Il y a, d'ailleurs, des exceptions à cette règle, et les accords des toniques des deux modes ont deux notes communes. Exemple.

Notes communes.

Accord d'*ut*, mode majeur   *ut* ou *do mi sol*
Accord de *la*, mode mineur *la ut* ou *do mi*

Notes communes.

Puisque les deux notes communes sont tour à tour toniques et médiantes, ou médiantes et dominantes, comment pourra-t-on arrêter la tonalité ?

AUTRE RÈGLE. Un morceau de musique finit ordinairement par la tonique; mais cette règle a aussi des exceptions. D'ailleurs, si l'on n'a entre les mains qu'une partie détachée d'un chœur, comment juger si sa dernière note est tonique ou médiante ?

Une autre règle dit que le dernier accord doit être celui de la tonique. Même embarras, si l'on n'a pas sous les yeux toutes les parties d'un chœur, sans compter les cas d'exception.

Toutes ces règles sont donc insuffisantes.

Comme la dominante est une des deux notes constitutives du ton, et celle qui, par son rapport de quinte avec la tonique, détermine le mieux la tonalité, il est de toute nécessité qu'elle soit une des premières notes entendues.

Écoutez un air quel qu'il soit, la dominante revient incessamment. Or, si le morceau écrit est en *ut*, cette note, si souvent frappée, sera *sol*; si vous êtes en *la*, ce sera le *mi*.

Cette règle est plus rationnelle que les précédentes, et ne laisse de place à aucune exception.

Rodolphe, dans son solfége, met en dehors de la clef l'accident caractéristique du mode mineur. Ce procédé serait bon; mais le musicien habile n'en a pas besoin; à défaut des yeux, il a pour lui son oreille exercée, qui a bientôt reconnu le mineur à sa teinte mélancolique, et à l'importance que prend comme dominante, la médiante du majeur.

L'intervalle *sol dièse, fa*, n'est pas facile; mais son effet est si triste, qu'on ne l'oublie pas une fois qu'on l'a saisi. Cet effet est caractéristique.

DE LA NOTE SENSIBLE

OU

ARMURE DE LA CLEF DU MODE MAJEUR.

50.me Leçon.

On appelle, *note sensible* la septième note d'une gamme qui se trouve toujours à distance d'un demi-ton de l'octave de la tonique. C'est pourquoi, en mineur, on a été obligé de placer un accident devant la dominante du majeur, qui se trouve, par ce moyen, note sensible du mineur.

La note sensible du majeur se trouve toujours (quand il y a des dièses à la clef) le dernier dièse posé ; dès lors, pour savoir dans quel ton est écrit un morceau, l'on n'aura qu'à voir quel est le dernier dièse posé , et monter d'un demi-ton.

Ainsi, le nom que portera la note qui suit le dernier dièse, sera le nom du ton dans lequel le morceau de musique sera écrit , si le morceau était en mineur, il faudrait voir si la dominante du ton majeur est accidentée , ce qui la convertirait en note sensible ; et alors on ferait la même opération qu'en majeur, c'est-à-dire , qu'on prendrait pour tonique la note qui suivrait cette note sensible. Exemple.

En *ré majeur* (deux dièses à la clef) , la note sensible se trouve le dernier posé , qui est *do dièse* ; nous n'aurons donc qu'à monter d'un demi-ton , en partant du *do* , ce qui nous donne *ré*, qui sera le ton dans lequel sera écrit le morceau ; si le morceau était écrit dans le mode mineur, qui serait *si* mineur, il faudrait suivre les mêmes règles que nous avons données à la 49.me leçon.

Prenons maintenant un ton avec des bémols ; le ton de *si* bémol par exemple (deux bémols à la clef) , et nous verrons que la manière de procéder est aussi simple que pour les dièses.

La première règle consiste à prendre la quinte du dernier bémol posé ; le nom que porte cette quinte est le nom du ton dans lequel est écrit le morceau. Exemple.

Nous avons pris un morceau avec deux bémols ; nous savons que le dernier bémol posé est *mi* ; prenons sa quinte, et nous dirons *mi* et *si* ; la quinte étant *si*, le morceau écrit est donc en *si* bémol majeur ; s'il était en mineur, nous le reconnaîtrions de la même manière qu'avec les dièses , en y appliquant les mêmes règles de la 49.me leçon.

Deuxième règle. Il y a un moyen encore plus simple , c'est de faire appartenir le *ton* à l'avant-dernier bémol posé. Exemple.

Prenons un ton avec trois bémols à la clef, qui sont *si* , *mi* , LA , faisons appartenir le ton à l'avant-dernier bémol posé , et nous verrons que le morceau est en *mi* bémol ; s'il était écrit dans son relatif *mineur* , nous le connaîtrions à la quinte du majeur , qui serait accidentée ; dans ce dernier cas , le *si* bémol , dominante du majeur , serait précédé d'un bécarre pour le rapprocher d'un demi - ton de l'octave de la tonique du mode mineur.

DES GENRES.

51.ᵐᵉ Leçon.

Nous avons trois genres en musique ; savoir : le Diatonique , le Chromatique et l'Enharmonique.

1.º Le genre *diatonique* a lieu lorsqu'on fait marcher les notes par *tons* et *demi-tons* naturels à leur gamme, comme DO , RÉ , MI , FA , SOL , LA , SI , DO.

2.º Le genre *chromatique* a lieu lorsqu'on altère une même note par un accident étranger à sa gamme, comme *sol, sol dièse | la , la dièse | ré, ré bémol | si, si bémol.|*

3.º Le genre *enharmonique* a lieu quand on passe d'une note à une autre , sans que l'oreille puisse en apprécier le changement , comme *si dièse* et *do naturel* , ou *do dièse* et *re bémol* , qui sont identiques.

Une gamme qui monte et descend par *demi-tons* , participe du genre *diatonique* et du genre *chromatique*.

Exemple.   DO   DO *dièse*   DO *dièse* RÉ
            Chromatique.   *Diatonique.*

Ainsi le *demi-ton chromatique* appartient à deux notes portant le même nom , mais dont l'une est altérée par un accident , et le *diatonique* a deux notes différentes marchant par *tons* ou *demi-tons naturels* à leur gamme.

REMARQUE. On écrit ordinairement le genre chromatique en montant avec des dièses, et en descendant avec des bémols.

DE LA FORMATION DES ACCORDS PRIMITIFS.

52.me Leçon.

Voici un fait intéressant :

Si nous faisons résonner une corde suffisamment grave, l'*ut* le plus bas du piano, par exemple, et que nous écoutions attentivement ce qui va se passer, nous entendrons bientôt après le frappé, outre le son fondamental ou générateur, d'autres sons plus aigus qui semblent vibrer dans l'atmosphère ; si nous cherchons sur le clavier l'unisson de ces sons aigus, nous reconnaîtrons qu'outre l'octave de la note fondamentale, deux autres touches répondent exactement aux sons qu'elle engendre.

Ces touches sont, l'une la douzième, l'autre la dix-septième ; *sol*, *mi* ; et faisant application de la théorie des redoublemens, nous réduirons ces intervalles à la quinte pour le premier et à la tierce pour le second, ou, mieux encore, dans leur ordre direct et compact, à la *tierce* et à la *quinte*.

Pour l'intelligence, nous reproduisons le tableau des intervalles renversés, plus étendu que celui

que nous avons donné à la page 78 , et l'on verra
que la douzième n'est autre chose qu'une quinte ,
et la dix-septième une tierce. Exemple.

Intervalles
primitfs 1 unisson 2 3 4 5 6 7 8 9 10 11 12 13 14 15 16 17

devient

Intervalles
renversés 8.vo   7 6 5 4 3 2 1 2 3 4 5 6 7 8 9 10

Comme nous avons donné le nom d'*ut* au son
générateur ou *fondamental* , ses harmoniques seront *mi* et *sol*.

$$\text{Tierce}\dots\left.\begin{array}{l} sol \\ mi \\ ut \end{array}\right\}\text{accord d'}ut.$$

Ces trois sons entendus à la fois plaisent à l'o-
reille ; ils *s'accordent* parfaitement ensemble ; de là
le nom *d'accord* donné à cette coïncidence ou tri-
nité harmonieuse. Ainsi *l'origine de l'accord est dans
la résonnance du corps sonore*.

*L'accord se compose donc de deux tierces su-
perposées*.

Comme nous pouvions prendre *sol* ou *fa* pour
point de départ au lieu d'*ut*, on concevra qu'il
y a autant d'*accords* que de notes dans notre alphabet musical , et que la même condition de
deux tierces superposées aurait produit de nouveaux accords que nous aurions nommés du nom
de leur fondamentale ; comme nous nommions celui
ci-dessus *accord d'ut*.

Nous donnons ci-après le tableau des sept accords fournis par la gamme.

TABLEAU DES SEPT ACCORDS QUE FOURNIT LA GAMME.

SOL	LA	SI	DO	RÉ	MI	FA
MI	FA	SOL	LA	SI	DO	RÉ
DO	RÉ	MI	FA	SOL	LA	SI

Accord d'UT *de* RÉ *de* MI *de* FA *de* SOL *de* LA *de* SI.

On voit, d'après le tableau, que les accords sont formés de tierce en tierce en montant, et qu'ils prennent leurs noms d'après la note la plus grave.

La théorie des accords est peut-être la plus importante de tout le cours ; elle fournit de grandes facilités pour la lecture et l'intonation ; elle contribue à éclairer les modulations et la majeure partie des principes.

Nous ne saurions trop insister pour que l'élève répète les sept accords, afin de se rendre familière l'appellation des tierces superposées, de telle sorte que le nom de la fondamentale appelle sur les lèvres celui de ses harmoniques.

Un accord est donc composé de deux tierces superposées.

La note la plus grave prend le nom de FONDAMENTALE.
Celle au-dessus *id.* *id.* de TIERCE.
Et celle au-dessus de la tierce *id.* de QUINTE.

Et cela à cause de leur distance de la fondamentale ; ainsi nous dirons qu'un accord est composé de *fondamentale*, *tierce* et *quinte*.

On dit qu'un accord est dans son *état direct*, toutes les fois que ces trois notes forment *deux tierces superposées* dans leur ordre le plus rapproché. Dans cet état, *la fondamentale est en bas* (DO , *mi , sol*).

Du moment où cette fondamentale cède sa place à l'une de ses harmoniques, on dit que l'accord est *renversé*.

Dans le *premier renversement*, *la tierce de l'accord est en bas*, et les notes, dans leur ordre compact, offrent *une tierce surmontée d'une quarte*, et *la fondamentale est en haut* (*mi , sol ,* DO).

tierce   quarte.

Dans le *second renversement*, *la dominante est en bas*, et l'accord se présente avec *une quarte surmontée d'une tierce* (*sol ,* DO , *mi*), *la fonda-*

quarte   tierce.

mentale est au milieu.

Nous avons donc trois moyens pour reconnaître un accord, et, comme nous avons dit qu'ils se formaient de tierce en tierce en montant, nous ne pourrons pas nous y méprendre. Prenons pour exemple le premier renversement *mi , sol , do ,* comment trouver une succession de notes par tierce, sans prendre *do , mi , sol* ? Prenant *mi , sol , do ,* nous aurons *mi* et *sol* tierce , *sol* et *do* quarte.

Si nous prenons le second renversement, nous aurons *sol*, DO, *mi*, ce qui nous donnera une succession de quarte et tierce ; nous ne pouvons donc prendre que *do*, *mi*, *sol*, qui nous donnent les *deux tierces superposées*. C'est ce qu'on appelle accord de trois sons.

Nous avons trois espèces d'accord de trois sons, savoir :

PREMIÈRE ESPÈCE   DEUXIÈME ESPÈCE   TROISIÈME ESPÈCE
ou accord parfait majeur.   *ou accord parfait mineur.*   *ou accord diminué.*

L'ACCORD PARFAIT MAJEUR se compose de *fondamentale*, *tierce majeure* et *quinte juste* ; c'est la *tierce* qui lui donne le nom de *majeur*, et la *quinte* celui de *parfait*.

L'ACCORD PARFAIT MINEUR se compose de *fondamentale*, *tierce mineure* et *quinte juste* ; il ne diffère du premier que par la tierce mineure, qui lui donne le nom de mineur.

L'accord diminué se compose de *fondamentale*, *tierce mineure* et *quinte diminuée* ; il ne diffère du second que par la quinte, qui lui donne le nom de diminué.

On trouve *l'accord majeur* sur les premier, quatrième et cinquième degrés de la gamme majeure, et sur les cinquième et sixième de la gamme mineure.

Nous trouverons *l'accord parfait mineur* sur les deuxième, troisième et sixième degrés de la gamme majeure, et sur les premier et quatrième de la gamme mineure.

On trouve *l'accord diminué* sur le septième degré de la gamme majeure, et sur le deuxième et septième de la gamme mineure. Nous n'avons donc qu'un degré qui n'a pas d'accord, c'est le troisième en mineur, à cause de l'accident placé sur la quinte du majeur, pour la convertir en note sensible dans le mode mineur.

ACCORDS DE LA GAMME MAJEURE.

SOL	LA	SI	DO	RÉ	MI	FA
MI	FA	SOL	LA	SI	DO	RÉ
DO	RÉ	MI	FA	SOL	LA	SI
acc. parf. majeur.	acc. parf. mineur.	acc. parf. mineur.	acc. parf. majeur.	acc. parf. majeur.	acc. parf. mineur.	accord diminué.

ACCORDS DE LA GAMME MINEURE.

MI	FA	SOL *dièse*	LA	SI	DO	RÉ
DO	RÉ	MI	FA	SOL *dièse*	LA	SI
LA	SI	DO	RÉ	MI	FA	SOL *dièse*
acc. parf. mineur.	accord diminué.	X	acc. parf. mineur.	acc. parf. majeur.	acc. parf. majeur.	accord diminué.

Gamme de LA mineur relative d'UT majeur.

On devra poser à la baguette toutes les gammes mineures
comme pour les gammes majeures, c'est à dire qu'il faudra
substituer des noms de notes différens à celle de départ LA
et convenir d'un signe particulier pour frapper la note sensible
par exemple, relever la baguette, ou tout autre signe.

Gamme de Mi mineur relative de Sol majeur.

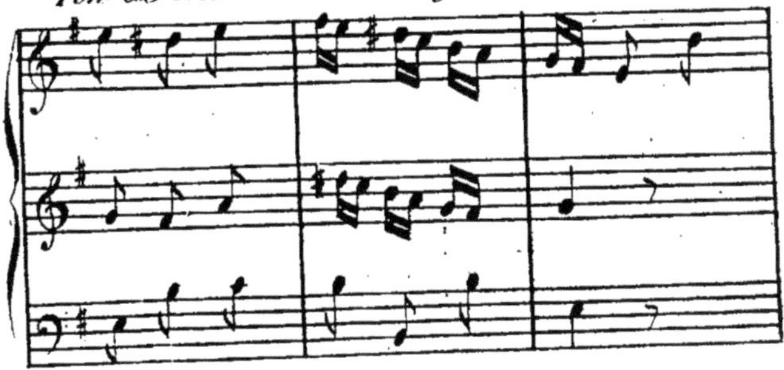

Ton de Mi mineur relatif de Sol majeur

TRIO

D'ŒDIPE A COLONNE

SACCHINI.

faits
de nos dé - es ses
faits de nos dé es ses
protec - trices Al - lons for -
protec tri ces AL.
mer sous leurs aus pi ces
lons for - mer sous leurs aus

Les næuds sa crés les
pi ces
næuds sa crés
næuds sa crés les næuds sa
les næuds sa
et d'hy men et d'hy men et de
crés et d'hy men et d'hy men et de
crés et d'hy men et d'hy men et de

paix al lons for mer sous
paix
paix
leurs aus pi ces les
nœuds sa giras les nœuds sa
las nœuds sa

ff   crès   et d'hy-
ff   crès les   nœuds   sa-
las   nœuds   sa-   crès   et d'hy-
men et d'hy-   men   et de   paix et d'hy-
men
men et d'hy-   men   et de   paix et   d'hy-
men et de   paix et d'hy   men et de   paix.
men et de   paix et d'hy-   men et de   paix.

RENSEIGNEMENTS

Six bémols à la clef, ton de sol bémol maj.r son relatif serait mi bémol mineur avec ré ♮ pour sensible. 1° L'homonyme de ce ton (sol avec un seul #) étant plus simple, on solfiera avec fa # à la clef.

2.e les becarres que l'on rencontre à la 3.e mesure (basses) et à la 9.e (ténors) représentent des dièzes.

3° On devra chanter le morceau en transposition prenant les clef d'ut seconde ligne pour les premières parties et d'Ut première ligne pour la basse

4.e Donner de l'effet à la succession ff : PP.

56 leçon

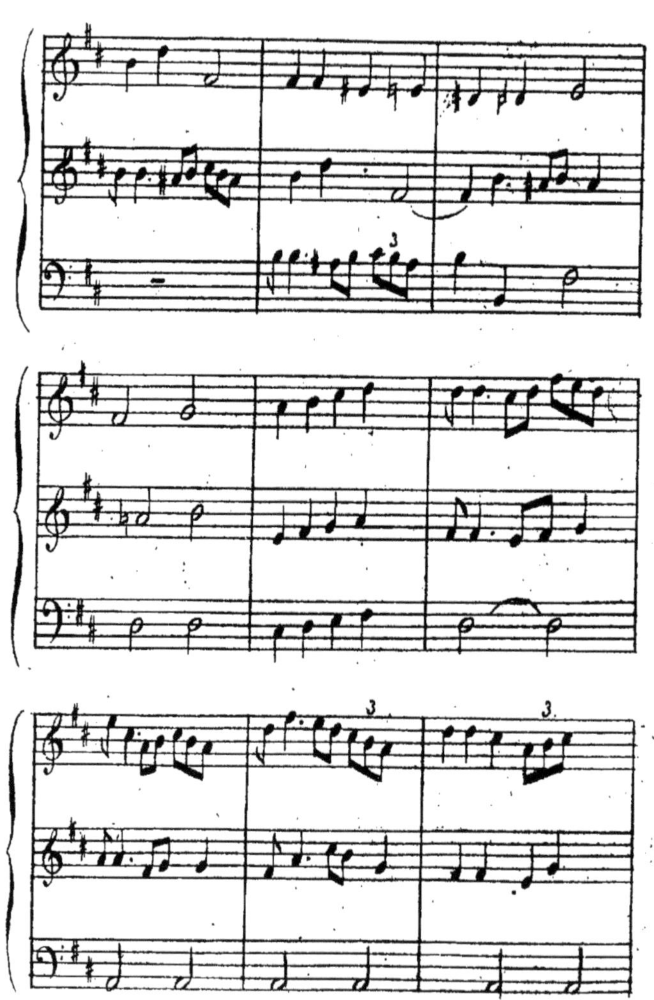

ORIGINE DE L'ACCORD MINEUR ET DIMINUÉ.

57.ᵐᵉ Leçon.

Nous avons dit, à la pag. 107, que l'origine de l'accord est dans la résonnance du corps sonore. M. Busset a observé celle de *l'accord mineur* dans la vibration de la cloche : cette observation si simple paraît nous donner la raison de l'impression de tristesse que nous cause le son des cloches.

Pour l'accord diminué, il est facile de vérifier cet autre fait ; c'est qu'en faisant vibrer le sol grave d'un piano, on entend distinctement les notes SOL, SI, RÉ, FA, parmi lesquelles figure l'accord diminué, qui a aussi son origine dans la nature ; mais, en l'absence du sol, il manque de fondamentale.

RENVERSEMENT DES ACCORDS DE TROIS SONS.

Quand on met à la partie la plus grave (la basse) la tierce ou la quinte d'un accord, on le renverse.

	sol	DO	*mi*
Exemple :	*mi*	*sol*	DO
	DO	*mi*	*sol*
	État direct.	1.ᵉʳ renvers.ᵗ	2.ᵉ renvers.ᵗ

On appelle 1.ᵉʳ renversement, lorsque la tierce de l'accord est à la basse. Exemple : DO *sol*, et 2.ᵐᵉ *mi* renversement , lorsque la quinte est à la basse.

Exemple : $\begin{matrix} mi \\ \text{DO} \\ sol \end{matrix}$

$\underbrace{}$
2.e renvers.t

DU PREMIER RENVERSEMENT DES ACCORDS DE TROIS SONS.

Accord de Sixte.

___

58.me **Leçon.**

On obtient ce renversement en mettant la tierce
de l'accord à la basse $\begin{matrix} \text{DO} \\ sol \end{matrix}$ L'intervalle de sixte qui

$\begin{matrix} \text{MI tierce.} \end{matrix}$

existe entre la tierce MI et la fondamentale DO ,
lui a fait donner le nom d'*accord de sixte*.

L'enchaînement des accords se compte toujours
par leur fondamentale ; par exemple , les deux

accords suivans : $\begin{matrix} sol \\ mi \\ \text{DO fond.}^{le} \end{matrix}$ $\begin{matrix} \text{LA fond.}^{le} \\ mi \\ do \end{matrix}$ s'en-

$\underbrace{}$ $\underbrace{}$
accord d'*ut*.   accord de *la*.

chaînent par tierce inférieure , parce que leurs
notes fondamentales, DO , LA , procèdent par tierce
inférieure.

Dans la troisième partie de notre ouvrage , nous
représenterons l'état direct d'un accord par un 5

placé au dessus de la fondamentale. Exemple : $\begin{matrix} 5 \\ \text{DO} \end{matrix}$

représentera l'accord *mi* ^{sol} dans son état direct.

Nous chiffrerons le premier renversement par un 3 placé au dessus et au dessous de la tierce.

Exemple : *mi* $\begin{smallmatrix}3\\3\end{smallmatrix}$ représentera l'accord d'*ut* dans son premier renversement $\begin{smallmatrix}DO\\sol\\mi\end{smallmatrix}$.

DU SECOND RENVERSEMENT.

Accord de Sixte-Quarte.

On obtient ce renversement en mettant la quinte de l'accord à la basse $\begin{smallmatrix}mi\\DO\\sol\end{smallmatrix}$; les intervalles de quinte quarte et de sixte, que la fondamentale et la tierce font avec la quinte de l'accord placée à la basse SOL , DO *quarte* , et SOL , MI *sixte* , lui ont fait donner le nom d'*accord de sixte-quarte*. Nous le chiffrerons par un 5 placé au dessous de la quinte.

Exemple : $\begin{smallmatrix}sol\\5\end{smallmatrix}$ représentera l'accord d'*ut* dans son second renversement $\begin{smallmatrix}mi\\DO\\sol\end{smallmatrix}$.

On doit préparer et résoudre la quarte juste entre la basse et une partie haute provenant du second renversement ; c'est-à-dire , que l'une des deux notes qui font cette quarte (*la fondamentale ou la quinte*) doit avoir été entendue à la même place et à la même partie dans l'accord précédent, soit à la basse ou dans une partie supérieure, ce qui est la *préparation*.

De même, l'une des deux notes doit rester en place dans l'accord suivant, ce qui est la *résolution*.

Lorsque la basse ne fait pas la préparation ou la résolution, elle doit marcher par degrés conjoints.

La quarte, provenant du second renversement du 1.er degré des deux gammes, peut se passer de préparation et de résolution ; mais il faut, pour cela, qu'elle soit frappée au temps fort de la mesure.

DES CONSONNANCES ET DES DISSONNANCES.

59.me Leçon.

On nomme *consonnances* : L'UNISSON, la QUINTE JUSTE, L'OCTAVE, LA TIERCE MAJEURE et MINEURE, la SIXTE MAJEURE et MINEURE ; et *dissonnances*, tous les autres intervalles, comme SECONDES, SEPTIÈMES, NEUVIÈMES ; etc.

Les *consonnances* se divisent en PARFAITES et IMPARFAITES. Les consonnances parfaites sont : l'OCTAVE, l'UNISSON, la QUINTE JUSTE ; et les imparfaites, la TIERCE et la SIXTE. La QUINTE JUSTE et l'OCTAVE sont appelées CONSONNANCES PARFAITES, parce qu'elles ne peuvent s'altérer sans cesser d'être CONSONNANCES, tandis que la TIERCE et la SIXTE peuvent être majeures ou mineures , sans devenir DISSONNANCES. L'UNISSON est un intervalle nul ; on l'a classé au nombre des consonnances parfaites , parce qu'on ne peut l'altérer sans le rendre dissonnant ; comme la quinte et la quarte ne peuvent être majeures ou mineures sans cesser d'être consonnances , on ne leur a donné que trois qualités dans le tableau des intervalles que nous avons donné ; nous les avons appelées quarte *diminuée* , *juste* , *augmentée*.

DU MOUVEMENT DES PARTIES.

60.ᵐᵉ Leçon.

Les parties exécutant des accords peuvent se mouvoir de plusieurs manières ; 1.° *par mouvement contraire* ; 2.° *par mouvement oblique* ; 3.° *par mouvement semblable* ; 4.° *par mouvement parallèle*.

Le *mouvement contraire* est le plus riche et le plus élégant ; on l'emploie très-souvent : il s'obtient en faisant marcher les parties en sens inverse , comme MI , RÉ , pour le soprano , et DO , FA , pour la basse.

Le *mouvement oblique* vient après ; il s'obtient , lorsqu'une partie reste en place , et que l'autre va en tout sens , comme DO , DO , DO , pour le soprano , et MI , LA , SOL , pour la basse.

Le *mouvement semblable* est moins heureux ; il

s'obtient lorsque les parties montent ou descendent en même temps , comme MI , FA , MI pour le soprano , MI , LA , SOL pour la basse.

Le *mouvement parallèle* s'obtient en répétant à la même place les mêmes notes : il ne s'emploie guère que pour les instrumens.

Nota. Une harmonie , marchant par les mouvemens CONTRAIRE et OBLIQUE , est presque toujours écrite avec pureté.

RÈGLE. On ne doit frapper une *consonnance parfaite* que par les mouvemens *contraire* ou *oblique*.

La faute devient encore plus grave , *quand on frappe de suite , par mouvement semblable et degrés disjoints ou conjoints , deux consonnances parfaites même de nature différente* ; tandis qu'on peut arriver par tous les mouvemens sur les consonnances imparfaites , la TIERCE et la SIXTE ; ainsi , les fautes dont nous parlons , ne peuvent avoir lieu qu'en frappant les INTERVALLES HARMONIQUES DÉFENDUS (*quintes , unissons , octaves*).

DES CADENCES.

61.me Leçon.

On appelle CADENCE la terminaison d'une phrase harmonique ; cette cadence ou repos pouvant être de plusieurs qualités , il y a plusieurs espèces de CADENCES.

Nous avons cinq espèces de CADENCES :

1.º La *cadence parfaite* ou *imparfaite* ; 2.º la

demi-cadence ; 3.º les *cadences interrompues* ; 4.º les *quarts de cadences* ; 5.º *la cadence plagale.*

La *cadence parfaite* est le repos qui se fait à la fin d'une phrase, sur l'accord de la tonique, précédé de celui de la dominante, les deux non renversés, et le dernier tombant sur le premier temps

de la mesure ré sol si mi en majeur, sol dièse, do, SOL DO MI LA en mineur.

Dans les ANDANTE, il peut tomber au troisième temps, et au second pour les mesures à trois temps.

Cette *cadence correspond au point* (.).

Si l'on renverse le premier accord d'une cadence parfaite, ce qui ne se fait qu'à la fin d'une phrase intermédiaire, surtout au moment où elle module, on l'appelle alors CADENCE IMPARFAITE. Exemple :

sol DO *mi fa* dièse *sol*   *fa* dièse *sol*
mi la sol RÉ   *si* au lieu de *la*   *si*
DO *mi* DO *la*   SOL   RÉ   SOL

cadence imparfaite.   cadence parfaite.

La cadence imparfaite sert donc à clore les modulations qui terminent les phrases intermédiaires, sans que le sens soit tout à fait achevé; *elle correspond aux deux points* (:).

La DEMI-CADENCE est un repos plus faible que la cadence parfaite ; il ne se fait que sur l'accord de la dominante non renversé, sans être obligé d'être au premier temps de la mesure. Le choix des accords qui le précèdent, et leur renversement sont tout à fait ar-

bitraires. Exemp.

sol   *ré*   DO   *ré*

mi   *si*   *sol*   *si* , etc.

DO   SOL   *mi*   SOL

‿‿‿‿   ‿‿‿‿

demi-cadence.   demi-cadence.

On ne se sert ordinairement de cette cadence que pour couper ou terminer les différens membres d'une phrase intermédiaire.

Cette cadence n'est qu'une suspension de la cadence parfaite ; *elle correspond au point et virgule* (;).

La CADENCE INTERROMPUE a lieu lorsqu'on renverse le dernier accord d'une cadence parfaite, ou que l'on en prend un autre à sa place ; elle suspend brusquement le sens de la phrase ; *elle correspond au point d'interrogation ou d'exclamation* (? !).

Il arrive souvent qu'on s'arrête sur les accords du 1.ᵉʳ, 4.ᵐᵉ ou 5.ᵐᵉ degré, même renversés ; ces repos reçoivent le nom de *quart de cadence* : c'est le plus faible des repos ; *il correspond à la virgule* (,).

DE LA CADENCE PLAGALE.

La CADENCE PLAGALE est un repos sur l'accord de la tonique, non renversé, précédé de celui de la sous-dominante, renversé ou non renversé ; on ne le fait ordinairement qu'après une cadence parfaite,

et à la fin d'un morceau. Exemple.

ré   *sol*

si   *mi*

SOL   DO

‿‿‿‿

cadence parfaite.

la	*sol*		*do*	*sol*
FA	*mi*	ou bien	*la*	*mi*
do	*do*		FA	DO

cadence plagale.   cadence plagale.

REMARQUE. *L'on ne commence ordinairement un morceau de musique que par un accord pris sur le 1.er ou 5.me degré, et l'on finit toujours par l'accord de la tonique, précédé de celui de la dominante,* ce qui fait que la basse se résout toujours par quarte supérieure ou par quinte inférieure.

DU RYTHME ET DE LA MÉLODIE.

62.me Leçon.

Le mot *rythme* dérive du mot grec RUTHMOS, qui signifie NOMBRE, CADENCE, MESURE; en musique, c'est la durée relative des sons; il existe dans le mouvement de deux notes qui se succèdent, n'importe par quel intervalle; sans lui, il ne saurait y avoir de mélodie. La mélodie n'étant formée que par la succession des sons et le mouvement par lequel cette succession se fait, est le RYTHME même. Sans le secours d'aucune mélodie, le *rythme* peut exister, comme on le sent, par le battement d'un tambour.

La mélodie est soumise à deux principes; lorsqu'elle se borne à flatter par une suite d'accords qui s'enchaînent convenablement, l'*harmonie* ; et, lorsqu'elle cherche à nous émouvoir en imitant toutes les passions de l'âme, le *rythme*. Ainsi, il ne suffit pas d'inventer une mélodie heureuse. Pour en tirer parti, et l'écrire avec art, il faut être harmoniste profond, car les accords soutiennent et animent le chant, en lui donnant plus d'expression et d'énergie.

Dans la troisième partie, nous donnerons des exercices sur les *rythmes*.

Examinons maintenant la plupart des phrases d'un morceau de musique ; nous serons frappés de la symétrie qui règne constamment entre elles. A une phrase d'un certain nombre de mesures répond une phrase taillée sur le même dessin ; à une finale masculine succède une finale féminine ; elles se suivent ou se croisent, dans l'intérêt de la variété des formes ; ainsi, comme la poésie, la musique est soumise à la rime, qui n'est ici, comme chez sa compagne, qu'une affaire de *rythme*, de temps forts ou de temps faibles.

La forme la plus ordinaire est celle que l'on désigne sous le nom de *carrée*, parce qu'elle se compose de phrases de quatre ou d'un multiple de quatre unités ou de quatre mesures.

La carrure des phrases est un besoin pour l'oreille. Frappons cette suite.

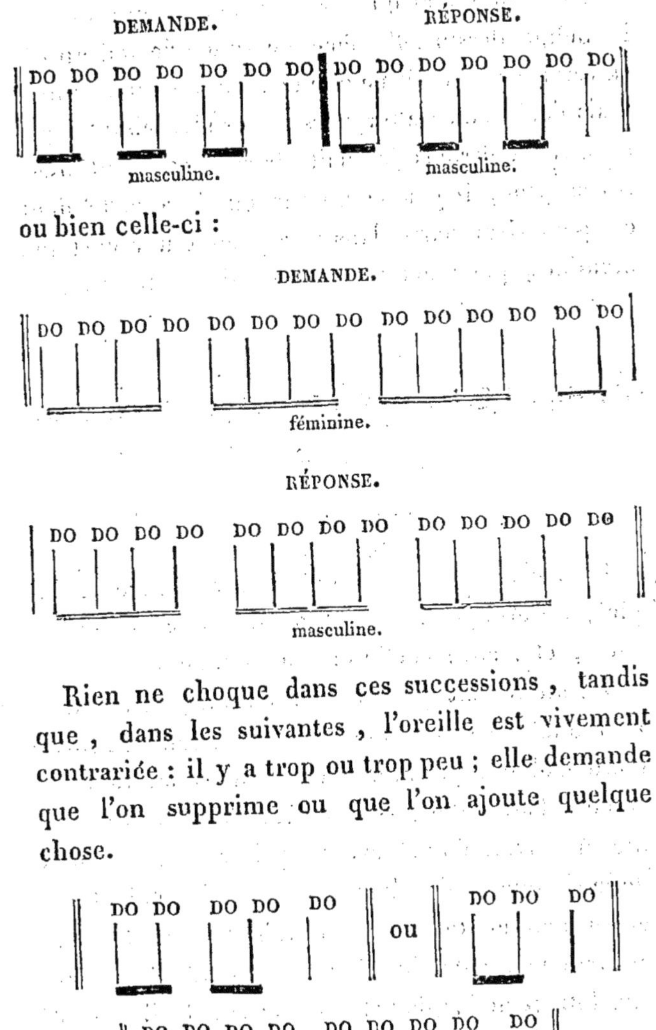

ou bien celle-ci :

Rien ne choque dans ces successions, tandis que, dans les suivantes, l'oreille est vivement contrariée : il y a trop ou trop peu ; elle demande que l'on supprime ou que l'on ajoute quelque chose.

Il est bien vrai que , si la réponse reproduisait le même dessin , l'espèce de symétrie qui en résulterait corrigerait ce que l'exemple a d'irrégulier ; mais l'effet en sera toujours moins satisfaisant , que si cette symétrie se joignait à la carrure des phrases. Au surplus, il y a là un moyen de variété dont on peut tirer parti dans une pièce d'une certaine étendue , pour soutenir ou réveiller l'attention.

DES MODULATIONS ,
ET DE CE QU'ON APPELLE CHANGER DE TON.

63.me Leçon.

Lorsqu'après une gamme , UT MAJEUR , par exemple , on attaque immédiatement celle de LA MINEUR , et , après celle-ci , la gamme de SOL MAJEUR , on ne fait que changer de ton , parce qu'on ne module pas par une phrase particulière suivie d'une cadence parfaite dans le nouveau ton.

Vers l'an 1028 , GUIDO D'AREZZO , prêtre Bénédictin , avait donné une propriété à chaque note de la gamme , mais, alors, les dièses n'existaient pas, et les gammes , telles qu'on les faisait , appartenaient réellement à celle d'ut ; à cette époque, il substitua aux lettres de l'alphabet : A , B , C , D , E , F , G , la dénomination syllabique usitée de nos jours, qui avait l'avantage de réformer les six voyelles par

les syllabes : UT , RÉ , MI , FA , SOL , LA ; il prit ces
six syllabes d'un hymne fort estimé des musiciens
de ce temps-là , qui le chantaient pour implorer
le secours de St. Jean contre l'enrouement :

1 UT queant laxis ,
2 RÉSONARE fibris ;
3 MIRA gestorum ,
4 FAMULI tuorum ;
5 SOLVE polluti ,
6 LABII reatum.
     Sancte Joannes !

Le chant de cet hymne , plus ancien que GUIDO
D'AREZZO , fut trouvé dans la bibliothèque du cha-
pitre de Sens ; il offre une progression de six cordes
sur les syllabes : UT , RÉ , MI , FA , SOL , LA ; le *si*
ne fut inventé qu'après GUIDO D'AREZZO.

Guido avait donné à ces syllabes le droit de
représenter des propriétés ; mais les musiciens ,
faussant son institution , ne les considérèrent plus
que comme exprimant des sons absolus ; de sorte
que UT ou DO ne veut plus dire la tonique , SOL la
dominante , etc. , mais un son toujours le même ,
donné par un certain nombre de vibrations , d'où
il suit que les gammes d'*ut* , de *sol* et de *fa* , quoique
produisant le même air , sont à un degré d'élévation relative différent , et les effets varient en
raison de cette élévation.

Les gammes de *sol* et de *fa* , étant semblables

à celle d'*ut*, l'élève peut se demander quelle est leur utilité. S'il n'y a qu'une seule gamme, une seule langue, dont le vocabulaire se renferme dans les sept monosyllabes dont *ut* est l'initial, à quoi bon déplacer les propriétés, leur donner de nouveaux noms, et se créer ainsi une difficulté d'autant plus grande, que l'on a attaché une idée plus précise aux mots employés jusqu'ici comme signes représentatifs de ces propriétés?

Mais il faut considérer :

Que la succession d'un ton, c'est-à-dire, d'une gamme à une autre, est un moyen de variété dont le compositeur tire parti, même sans sortir des limites assignées à une voix ou à un instrument, en recherchant, dans le déplacement de la tonalité, les moyens de soutenir ou de réveiller l'attention.

Le système général des voix est assez étendu, et la nature ayant imposé des limites à chacune, souvent une voix de basse ne saurait chanter un air écrit pour un ténor, et réciproquement, à moins qu'on ne lui approprie, en prenant à un degré convenable la tonique de la gamme dans laquelle il chantera.

Ainsi, une voix de *basse* donnera les sons suivans : *fa sol la si do ré mi fa sol la si do ré.*

Mais ne pourra prendre les sons aigus de *ténor*. . . . . *do ré mi fa sol la si do ré mi fa sol la.*

Qui, de son côté, ne fournira qu'une part. du *contr-alto*. . . . . *sol la si do ré mi fa sol la si do ré mi.*

. . . . 2.e *fa* du piano.

. . . . 2.e *do* du piano.

. . . . 3.e *sol* du piano.

PREMIER PRINCIPE. Passer du ton d'*ut* au ton de *sol*, c'est *moduler à la dominante* ou *quinte supérieure*, parce qu'on prend pour nouvelle tonique la dominante de la gamme que l'on quitte.

RÈGLE. *Pour moduler à la dominante, il faut hausser (diéser) la sous-dominante de la gamme que l'on quitte, pour donner une sensible à la nouvelle gamme.* (La sous-dominante devient sensible.)

SECOND PRINCIPE. Passer du ton d'*ut* au ton de *fa*, c'est *moduler à la sous-dominante* ou *quarte supérieure*, parce qu'on prend pour nouvelle tonique la *sous-dominante* de la gamme que l'on quitte.

RÈGLE. *Pour moduler à la sous-dominante, il faut baisser (bémoliser) la sensible de la gamme que l'on quitte, pour donner une sous-dominante à la nouvelle gamme.* (La sensible devient sous-dominante.)

De ces deux modulations, celle que l'on attaque de préférence, est la modulation à la dominante. La raison en est :

1.º Dans la résonnance du corps sonore, qui, donnant le *sol* et non le *fa*, prépare l'oreille à l'accepter plus volontiers comme nouvelle tonique.

2.º Quant à la modulation à la sous-dominante, elle se présente dans le retour du ton de *sol* au ton d'*ut*; car, après avoir modulé, il faut revenir au ton de départ, dont le souvenir ne doit jamais s'effacer entièrement. Par exemple : quel rang occupe

Planche 2me
Notes
pointées
Fig. 17
Valeurs
correspondentes.
Fig. 18
détaché   moelleux   détaché sec
Fig. 19
ad Libitum
Point de repos
Point d'orgue
tonique.   médiante.   dominante   Note sensible. Octave
Fig. 20
Ut   Re   Mi   Ya   Sol   La   Si   Ut.
1er degré 2e degré 3e degré 4e degré 5e degré 6e degré 7e degré
Fig. 21
Fig. 22
Fig. 23
1er Tétracorde
2d Tétracorde
1 Ton 1 Ton 1/2 Ton
1 Ton 1 Ton 1/2 Ton
Secondes
mineure   majeure   augmentée
Fig. 24
Fig. 25
Fig. 26
aiguë
grave
grave
aiguë
Notes essentielles
Notes intercalaires
Fig. 27
Notes intercalaires
Fig. 27
Notes essentielles
Notes liées.
Fig. 29
Effet
Lith. Jusky, Nimes

Fig. 28.
Notes coulées
Fig. 30
Notes syncopées
Effet
Fig. 31
1
2
1
2
Prolongation
Fig. 32
frappé
levé
frappé
levé
x temps
x temps
un
deux
lieu
deux
Origine binaire
Fig. 33
Sous division
ternaire ou triolets.
abréviations.
Fig. 34
Effet.
Fig. 35.
Fig. 36
Diapason
Octave grave.

COURS PANAMÉLODIQUE.

3.me Partie.

Exercices sur les renversements des accords

de 3 sons.

65.me Leçon.

Mi min.   1er   2e   Sol maj.   Ut maj.
Gamme de La min.
2me exercice
La, min   1er   2me
Re, mi.   1er   2me   Mi maj   1er   2me
Fa, maj.   1er   2   Mi, majeur   La, min.
Gamme de Sol, maj.
3me exercice.
Sol, maj.   1er   2e
La, mi.   1er   2   Si min.   1er   2me
Ut, maj.   1er   2me   Re, maj.   1er   2me
Mi, mineur   1er   2me   Re, maj.   Sol maj.

Gamme de Ré majeur.
4me Exercice.
Ré majeur 1er 2e
Mi min. 1er 2me Fa min 1er
2me Sol maj. 1er 2me La maj. 1er 2e
Si min. 1er 2e La maj. Ré.
Gamme de La maj.
5e Exercice.
La maj. 1er 2e
Si min. 1er 2e Ut # min. 1er 2e
Ré maj. 1er 2e Mi maj. 1er 2me
fa maj. 1er 2e La majeur.

Gamme de Fa Maj.
6.me Exercice.
Fa Majeur.   1.r   2.me
Sol Min.   1.r   2.me   La Min.   1.r   2.me   Si b Maj.
1.r   2.me   Ut Maj   1.r   2.me   Re Min   1.r
1.r   2.me   Fa, mity.
Gamme de Si b maj.
7.me Exercice.
direct   1.r   2.me
Ut, min. direct   1.r   2.e   Re min.   direct   1.r
2.e   Mi b maj   1.r   2.me   Fa maj   1.r
2.me   Sol min   1.r   2.e   Si b maj.

Gamme de Mib maj.
8me Exercice.
Mi b direct
majeur
1.r
2e

LA MUETTE DE PORTICI.

Prière (D. F. E. Auber.)

fants pro - té - ge les ber - ceaux
fants pro - té - ge les ber - ceaux
toi qui nous rends la
toi qui nous rends la
force et le cou - ra - ge
force et le cou - ra - ge

toi qui sou - tiens le
toi qui sou - tiens le
pauvreen ses tra - vaux tu nous vois
pauvreen ses tra - vaux tu nous vois
tous à tes ge -noux sois a -vec
tous à tes ge noux sois a -vec

Crès.
nous pro - té - ge nous tu nous vois
Crès
Crès
nous pro - té - ge nous tu nous vois
tous à les ge noux Saint bien - heu
tous à les ge - noux Saint bien heu
- reux dont la divine i - ma ge
- reux dont la di vine i ma ge

de nos en - fants pro
de nos en - fants pro
té - ge les ber - ceaux tu nous vois
té - ge les ber - ceaux tu nous vois
tous à tes ge - noux sois a-vec
tous à tes ge - noux sois a-vec

nous pro - té - ge nous pro - té - ge
nous pro - té ge nous pro - té - ge
nous fais au - jour - d'hui pour
nous fais au - jour d'hui pour
nous des mi - ra - cles nou
nous des mi - ra - cles nou

Un peu plus lent.
veaux fais au jour d'hui pour
veaux fais au - jour d'hui pour
nous des mi - ra - cles nou
nous des mi - ra - cles nouveaux.
veaux

COURS PANAMÉLODIQUE.

TROISIÈME PARTIE.

DU TRILLE OU CADENCE.

66.me Leçon.

Le *trille* ou *cadence* se fait au moyen de deux notes que l'on fait entendre successivement ; il se marque par (*tr.*) ; l'effet en est démontré ci-après à l'exemple A.

DES PETITES NOTES.

67.me Leçon.

Les *petites notes* ou *notes de goût* se distinguent des autres en ce qu'elles sont plus petites ; on les emploie seules ou par groupes ; elles n'ont pas de valeur dans la mesure. De même, en solfiant on ne devra pas les nommer ; on fera appartenir le nom des *petites notes* à la *note réelle* qui les suit. (*Voy*. Exemple B.)

Comme chaque instrumentiste a un genre particulier pour exprimer les petites notes, et que c'est le goût seul qui en détermine la valeur, nous conseillons à l'élève qui voudra écrire de la musique et placer des notes d'agrément dans plusieurs parties, de les écrire comme les autres, pour obtenir plus de précision ; car, plusieurs artistes exécutant les mêmes notes d'agrément, et chacun leur donnant une expression différente selon son sentiment, cela ne peut produire qu'un mauvais effet.

DU CIRCOLO MEZZO.

68.me Leçon.

Le CIRCOLO MEZZO est un agrément très-usité dans la musique moderne ; il se marque ainsi (~. ?), et il sous-entend trois et quelquefois quatre notes.

Quelques compositeurs écrivent le CIRCOLO MEZZO en petites notes, au lieu de se servir de l'abréviation. (*Voy.* l'exemple C.)

On a vu, d'après l'exemple, qu'il y a deux espèces de CIRCOLO MEZZO, savoir : le *circolo mezzo* ordinaire, dont la première note qu'il sous-entend est supérieure à celle qui porte le signe, et le *circolo mezzo* renversé, dont la première note qu'il sous-entend est inférieure à celle qui porte le signe. On peut le placer sur le point qui suit une note ou entre deux notes ; mais alors il sous-entend quatre notes. (*Voy.* l'exemple D.)

DE L'ACCORD DE SEPTIÈME DOMINANTE ET DE SES RENVERSEMENS.

69.me Leçon.

On forme un accord de quatre sons, en ajoutant une tierce à un des trois sons ; on lui donne le nom d'ACCORD DE SEPTIÈME, parce que la note ajoutée est à distance de *septième* de la fondamentale.

L'accord de *septième dominante* (ou de 1.re espèce) se place sur le cinquième degré des deux gammes d'où lui est venu le nom de *septième dominante* ; il se compose dans les deux modes, d'un accord majeur et d'une *septième* mineure. Exemple.

FA   RÉ
RÉ en *ut* majeur.   SI *dièse* en *la* mineur.
SI   SOL
SOL   MI

Sans renversement, nous le chiffrerons par un 7 placé au dessus de la fondamentale $\overset{7}{\text{SOL}}$ représentera

l'accord $\begin{smallmatrix} \text{FA} \\ \text{RÉ} \\ \text{SI} \\ \text{SOL} \end{smallmatrix}$ Sa résolution naturelle (par *quarte* supérieure ou *quinte* inférieure) se fait sur l'accord de la tonique.

La *septième* se résout en descendant conjointement : on est libre de la préparer ou de la frapper sans préparation.

L'enchaînement des accords , quels qu'ils soient , se fait toujours par leur fondamentale , n'importe où elle se trouve.

RENVERSEMENS DE LA SEPTIÈME DOMINANTE.

70.ᵐᵉ Leçon.

La *septième dominante* a trois renversemens ; le premier a lieu lorsque la tierce de l'accord est à la basse.

Le second renversement s'obtient en plaçant la *quinte* de l'accord à la basse (alors il faut la préparer et la résoudre).

Le troisième renversement s'obtient en mettant la *septième* à la basse. Ce renversement est très-usité , surtout en préparant la *septième*.

VOICI LA MANIÈRE DE CHIFFRER CES TROIS RENVERSEMENS.

1.ᵉʳ renversem.ᵗ $\dfrac{5}{3}$ SI en *ut maj.* $\dfrac{5}{3}$ SOL *dièse* en *la mineur.*

2.ᵉ renversem.ᵗ $\dfrac{3}{5}$ RÉ en *maj.* $\dfrac{3}{5}$ SI *dièse* en *mineur.*

3.ᵉ renversem.ᵗ $\dfrac{\text{FA}}{7}$ en *maj.* $\dfrac{\text{RÉ dièse}}{7}$ en *mineur.*

SEPTIÈME DOMINANTE SANS FONDAMENTALE.

On peut aussi employer l'accord de *septième* sans fondamentale ; on peut regarder comme tel l'accord diminué pris sur le septième degré des deux gammes. Nous le chiffrerons alors comme un accord de trois sons , excepté en mineur , où nous serons obligé d'ajouter un accident devant le chiffre inférieur qui représente la note sensible.

Pour son enchaînement harmonique , et pour sa réalisation , il reste soumis aux mêmes règles que la *septième dominante*.

DES ACCORDS DÉRIVÉS.

71.ᵐᵉ Leçon.

On appelle ACCORDS DÉRIVÉS ceux qui sont formés avec ou d'après les accords primitifs ; ils sont au nombre de douze ; nous les avons réunis ci-après , à l'exemple E.

DE L'ENCHAÎNEMENT DES ACCORDS DISSONNANS.

Excepté les deux premiers accords de trois sons (accord parfait majeur et accord parfait mineur) , tous les autres sont dissonnans , parce qu'ils ont toujours une ou plusieurs notes qui font un intervalle dissonnant avec la fondamentale , et qu'on nomme *dissonnances*.

On appelle *dissonnance* ce concours , ce choc

de deux notes qui se repoussent ; il n'y a dans la gamme qu'une seule dissonnance , la seconde ; car la septième et la neuvième que l'on classe sous ce nom , peuvent être considérées comme renversement et redoublement de la seconde.

La dissonnance est à la consonnance ce qu'est la tension au repos.

EMPLOI ET PRÉPARATION.

On emploie les accords *dissonnans* pour donner plus d'éclat et de charme aux *consonnans* , et obtenir des contrastes heureux ; mais il faut toujours préparer la note dissonnante dans les accords de septièmes de 2.me , 3.me et 4.me espèces.

Nota. *Les dissonnances ne plaisent que par leur résolution , tandis que les consonnances plaisent par elles-mêmes.* Les *consonnances* , au lieu de distraire et de contrarier , forment un tout , une unité qui plaît et repose par son harmonie. Tels sont les intervalles qui entrent dans l'accord , l'*unisson* , la *tierce* et la *quinte* , dont le renversement fournit l'*octave* , la *sixte* et la *quarte*.

Règle. *Tout accord dissonnant se résout par* quinte inférieure (*ou* quarte supérieure) *sur un accord consonnant ou dissonnant de la même gamme , c'est-à-dire , que , dans l'enchaînement harmonique , les deux fondamentales doivent se succéder par* quinte inférieure (*ou* quarte supérieure).

On ne doit pas oublier que l'enchaînement des

*accords se compte toujours par les fondamentales,
n'importe la place qu'elles occupent.*

Dans la réalisation, les dissonnances doivent descendre d'un degré sur l'accord suivant, et la note sensible doit toujours monter d'un degré vers la tonique, surtout en mineur : cette règle n'est de rigueur en majeur qu'à la fin d'un morceau.

La note sensible n'ayant qu'une seule manière de se résoudre, on ne devra pas la doubler, surtout en mineur.

Dans les accords altérés, indépendamment de ces résolutions, la note altérée monte, si l'altération a été faite en montant, et descend, si elle a été faite en descendant.

Exceptions. Tout accord peut servir de résolution à un accord dissonnant, si les notes qui ont une marche forcée peuvent, 1.° *se résoudre d'après la règle* ; 2.° *rester en place comme consonnances ou dissonnances* ; 3.° *changer chromatiquement ou enharmoniquement, tant en montant qu'en descendant.*

Remarque. Pour que les exceptions ne produisent pas de mauvais effet, tout en se conformant à ces principes, il faut que la succession des fondamentales, abstraction faite des dissonnances, donne une harmonie franche et pure en accords de trois sons ; on évitera aussi, dans la réalisation de ces exceptions, de faire sauter les parties, parce que du défaut de liaison entr'elles il pourrait en résulter un effet désagréable.

DES TROIS SEPTIEMES DÉRIVÉES.

72.ᵐᵉ Leçon.

1.º *Septième de seconde espèce.*

(Accord mineur avec septième mineure.)

L'accord de septième de seconde espèce se compose de FONDAMENTALES , TIERCE MINEURE , QUINTE JUSTE , SEPTIÈME MINEURE , et se place sur le second degré d'une

gamme majeure. Ex. en *ut maj.*
     DO *septième*
     LA *quinte*
     FA *tierce*
     RÉ *fondamentale.*

Pour sa préparation , sa résolution et son enchaînement harmonique , il se conforme à tout ce que nous avons dit au sujet des accords dissonnans dans la précédente leçon. Ainsi la septième doit toujours être préparée et résolue en descendant d'un degré.

Comme la septième dominante , il a ses trois renversemens. On le chiffre de la manière suivante :

Exemple. $\overset{7}{\underset{\text{RÉ}}{}}$ représentera l'accord de septième

de seconde espèce dans son état direct
     DO
     LA
     FA
     RÉ
     ⏜
     État direct.

VOICI LA MANIÈRE DE CHIFFRER SES TROIS RENVERSEMENS.

Premier renversement : $\overset{5}{\underset{3}{\text{FA}}}$ représentera
     DO
     LA
     FA
     RÉ

$$\text{Second renversement : } \underset{5}{\overset{3}{\text{LA}}} \text{ représentera } \overset{\text{DO}}{\underset{\text{RÉ}}{\overset{\text{LA}}{\text{FA}}}}$$

$$\text{Troisième renversement : } \underset{7}{\text{DO}} \text{ représentera } \overset{\text{DO}}{\underset{\text{RÉ}}{\overset{\text{LA}}{\text{FA}}}}$$

Sa résolution naturelle, par quinte inférieure ou quarte supérieure, se fait sur la dominante de sa gamme.

Cet accord se place encore sur le troisième et le sixième degré de la gamme majeure, et sur le quatrième de la gamme mineure.

2.° *Septième de troisième espèce.*

(Accord diminué avec septième mineure.)

73.ᵐᵉ Leçon.

L'accord de septième de troisième espèce se compose de FONDAMENTALE, TIERCE MINEURE, QUINTE DIMI-NUÉE, et SEPTIÈME MINEURE. Il se place sur le second degré d'une gamme mineure. Exemple.

En *la mineur*.
LA *septième*
FA *quinte*
RÉ *tierce*
SI *fondamentale*

Pour sa préparation, sa résolution et son enchaînement harmonique, il suit les mêmes règles que l'accord précédent (septième de 2.ᵐᵉ espèce). Il a ses trois renversemens, et se chiffre de la même manière.

3.º *Septième de quatrième espèce.*

(Accord majeur avec septième majeure.)

74.ᵐᵉ Leçon.

L'accord de septième de quatrième espèce se com-pose de FONDAMENTALE , TIERCE MAJEURE , QUINTE JUSTE

et SEPTIÈME MAJEURE. Ex. En *ut maj.*

SI *septième.*
SOL *quinte.*
MI *tierce.*
DO *fondamentale*

Il se place sur les premier et quatrième degrés en majeur , et sur le sixième en mineur.

Pour sa préparation , sa résolution et son enchaî-nement harmonique , il suit les mêmes règles que les deux accords précédens.

Il a aussi ses trois renversemens , et se chiffre de la même manière.

Comme cette septième est très-dure , on ne l'em-ploie que rarement.

REMARQUE. L'accord de septième peut être frappé à chaque temps de la mesure , pourvu que la dis-sonnance soit préparée et résolue d'après la règle. Lorsqu'on n'emploie qu'une septième dans une me-sure , il vaut mieux qu'elle soit préparée au temps faible , frappée au temps fort , et résolue au temps faible , bien entendu que cette remarque ne se rat-tache qu'aux accords de septième de 2.ᵐᵉ , 3.ᵐᵉ et 4.ᵐᵉ espèces , l'accord de septième de dominante pouvant se passer de préparation.

Nous ferons remarquer aussi que , plus les consonnances sont rapprochées, plus elles sont mélodieuses; c'est le contraire des dissonnances.

DES ACCORDS ALTÉRÉS.

75.me Leçon.

ALTÉRER signifie HAUSSER OU BAISSER accidentellement la QUINTE d'un accord d'un demi-ton chromatique , comme

	RÉ	RÉ *dièse*		RÉ	RÉ *bémol*
	SI	SI	ou bien	SI	SI
	SOL	SOL		SOL	SOL

RÈGLE. *On altère tous les accords que l'on trouve sur la dominante des deux modes , et sur la tonique du mode majeur.*

L'enchaînement (par quinte inférieure ou quarte supérieure) se fait d'après ce que nous avons dit pour les accords dissonnans à la 71.me leçon : on doit éviter de doubler la note altérée , parce qu'elle n'a qu'une manière de se résoudre , et qu'on serait obligé de faire deux octaves ou une résolution irrégulière. Pour adoucir la dureté d'un accord altéré, on le fait précéder du même sans altération , en observant que le changement chromatique se fasse dans la même partie ; il peut aussi se frapper sans préparation.

La *tierce diminuée* n'étant pas usitée , il faudra , en réalisant l'harmonie , veiller à ce qu'il y ait *sixte augmentée*. On se rappelle sans doute que , plus les dissonnances sont éloignées , plus elles sont mélodieuses ; c'est le contraire des consonnances.

RÈGLE. Si l'altération d'un accord a été faite en montant, la note altérée devra être résolue en montant, et, si elle a été baissée, elle devra être résolue en descendant ; les autres notes de l'accord conservent leur résolution : il n'y a de changement que pour la note qu'on altère.

DES ACCORDS DE CINQ SONS.

De la neuvième majeure.

76.ᵐᵉ Leçon.

C'est en ajoutant une tierce supérieure à un accord de quatre sons qu'on forme l'ACCORD DE NEUVIÈME ; il se place, ainsi que la septième dominante, sur le cinquième degré de deux gammes ; ce qui donne,

1.º la neuvième majeure; Ex. En *ut maj.*

LA *neuvième*
FA *septième*
RÉ *quinte*
SI *tierce*
SOL *fondam.*

2.º la neuvième mineure. Ex. En *la min.*

FA *neuvième*
RÉ *septième*
SI *quinte*
SOL *dièse tier.*
MI *fondam.*

La cinquième note de cet accord doit toujours être placée au moins à distance de neuvième de la fondamentale, et de septième de la tierce ; ce qui fait que le quatrième renversement est impraticable.

Ainsi, pour son enchaînement harmonique et sa

résolution, elle est conforme à tout ce que nous avons dit pour la septième dominante.

Voici comment nous le chiffrerons :

<table>
<tr><td>Etat direct</td><td>9
SOL</td><td>représentera</td><td>LA
FA
RÉ
SI
SOL</td></tr>
</table>

<table>
<tr><td>1.er renversement</td><td>7
SI
3</td><td>représentera</td><td>LA
FA
RÉ
SI
SOL</td></tr>
</table>

<table>
<tr><td>2.me renversement
(peu usité)</td><td>5
RÉ
5</td><td>représentera</td><td>LA
FA
RÉ
SI
SOL</td></tr>
</table>

<table>
<tr><td>3.me renversement</td><td>3
FA
7</td><td>représentera</td><td>LA
FA
RÉ
SI
SOL</td></tr>
</table>

Le second renversement est peu usité, à cause de la quarte juste qui se trouve à la basse, et qu'il ne faut pas oublier de préparer.

Cet accord s'emploie le plus souvent sans sa note fondamentale, et reste soumis aux mêmes règles. Voici la manière de le chiffrer :

7	5	3	
SI	RÉ	FA	LA
	3	5	7

Etat direct.   1.er renv.t   2.me renv.t   3.me renv.t

Pour le troisième renversement, on doit préparer la neuvième.

De la neuvième mineure.

77.me Leçon.

On obtient cet accord en ajoutant une neuvième mineure à un accord de septième dominante d'un

ton mineur. Exemple.
       FA
       RÉ
       SI
       SOL *dièse*
       MI

Comme, dans la neuvième majeure, sa cinquième note doit être au moins à distance de neuvième de la fondamentale ; mais elle peut se placer indifféremment au dessus ou au dessous de la tierce, ce qui permet de la mettre à la basse, lorsque la fondamentale est retranchée. La cinquième note suit les mêmes règles que la neuvième majeure ; et, pour ses quatre premières, on y applique les mêmes règles qu'à une septième dominante d'un ton mineur.

Voici la manière de le chiffrer :

$$\text{En } \textit{la mineur } \text{MI représente} \quad \underbrace{\begin{array}{l} \text{FA} \\ \text{RÉ} \\ \text{SI} \\ \text{SOL } \textit{dièse} \\ \text{MI} \end{array}}_{\text{État direct.}} \begin{array}{l} 9 \\ 3 \ \textit{dièse} \end{array}$$

$$1.^{\text{er}} \text{ renversement } \text{SOL } \textit{dièse } \text{représente} \quad \begin{array}{l} 7 \\ 3 \end{array} \quad \begin{array}{l} \text{FA} \\ \text{RÉ} \\ \text{SI} \\ \text{SOL } \textit{dièse} \\ \text{MI} \end{array}$$

$$2.^{\text{me}} \text{ renversement } \text{3 } \textit{dièse } \text{représente} \quad \begin{array}{l} 5 \\ \text{SI} \\ 3 \\ 5 \end{array} \quad \begin{array}{l} \text{FA} \\ \text{RÉ} \\ \text{SI} \\ \text{SOL } \textit{dièse} \\ \text{MI} \end{array}$$

$$3.^{\text{me}} \text{ renversement } \text{RÉ } \text{représente} \quad \begin{array}{l} 3 \\ 5 \ \textit{dièse} \\ 7 \end{array} \quad \begin{array}{l} \text{FA} \\ \text{RÉ} \\ \text{SI} \\ \text{SOL } \textit{dièse} \\ \text{MI} \end{array}$$

Sa résolution naturelle par quinte inférieure se
fait sur l'accord de la tonique. Ex.

$$\begin{array}{ll} \text{FA} & \text{MI} \\ \text{RÉ} & \text{DO} \\ \text{SI} & \\ \text{SOL } \textit{dièse} & \text{LA} \\ \text{MI} & \text{LA} \end{array}$$

Le *sol dièse* monte sur le *la*, le *fa* descend sur le
mi, le *ré* sur le *do*.

Cet accord s'emploie souvent sans la note fonda-

mentale ; il prend alors le nom de septième dimi-
nuée , et se chiffre ainsi $\begin{smallmatrix}7\\ \text{sol } \textit{dièse}\end{smallmatrix}$ pour l'état direct ; $\begin{smallmatrix}5\\ \text{si}\\ 3 \textit{ dièse}\end{smallmatrix}$ pour le premier renversement , etc.

DE L'APPOGIATURE SIMPLE ET DOUBLE , ET DE L'ACCACIATURE.

78.me Leçon.

L'APPOGIATURE *simple* est une petite note sur laquelle on appuye la voix , et qui emprunte la moitié
de la valeur de la grosse note suivante , lorsqu'elle
est placée à un degré au dessous ; son intervalle
doit toujours former un demi-ton.

L'APPOGIATURE DOUBLE est une petite note , répétition du son précédent , sur laquelle on appuye
la voix.

L'ACCACIATURE est une petite note exécutée avec
rapidité , et qui est placée devant une grosse note ,
sur la valeur de laquelle elle n'influe presque point.
Toutes ces notes sont étrangères à l'harmonie.

De même , on ne doit pas nommer les petites
notes ; on les chante par le nom de la grosse note
qui les suit. (*Voy.* exemple E.)

Exemple (A)

Trille
Mouvement lent
Effet
do
Petites notes
Exemple (B)
Effet
do do do do do Ré Si do doo do-o-o-do-o-o
Circolomezzo ordinaire
Circolomezzo renversé
Exemple (C)
Effet
Effet
Circolomezzo écrit en petites notes
Exemple (D)
Abréviation
en petites notes

TABLEAU DES ACCORDS DÉRIVÉS

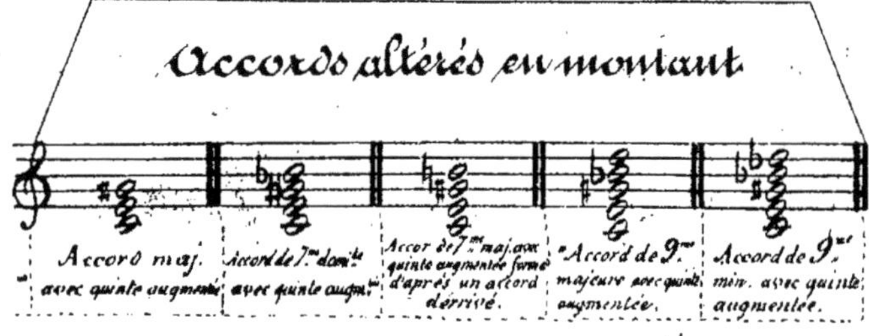

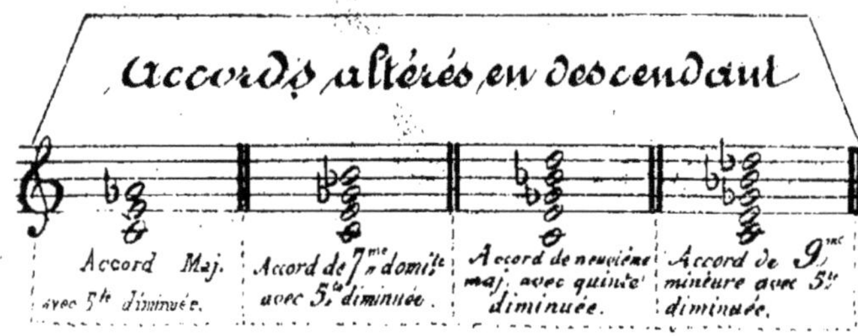

Ex. F

appogiature simple
Effet et manière de les solfier
do ro si si mi fa
Appogiature double
Effet et manière de solfier
Re fa si sol
Accaciature
Effet
do Re

Soprano
Basse
Ex.G
Contralto
Sop.
Ex.H.
Sop.
Femmes
Cont.
Tenor
Hommes
Basse

Ex. 1

Femmes
hommes
Ex.J.

Exemple **K**.

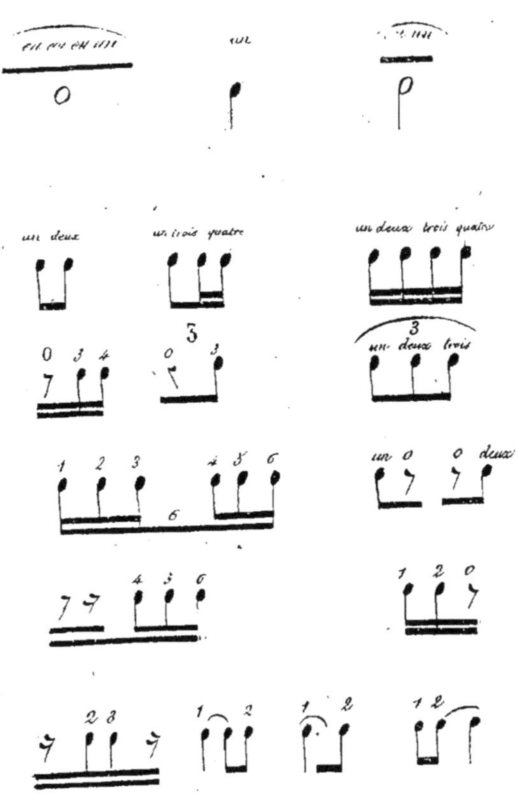

Ex L.
Allegro. Air servant de type. 
Alleg. Rhythme
1.re Mélodie
2.me Mél.
3.me M.e
4.me M.e

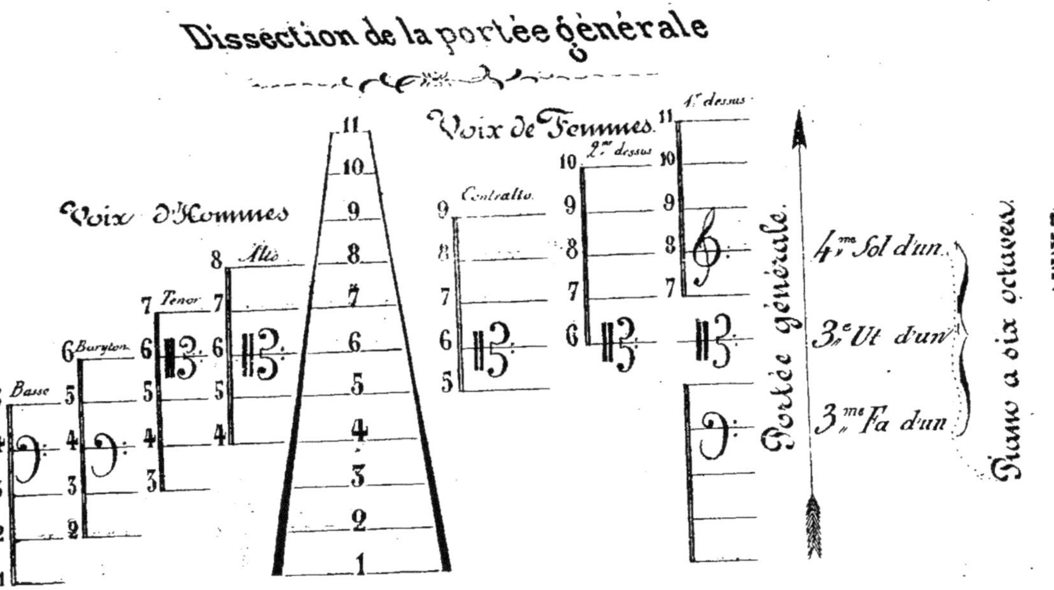

Dissection de la portée générale
Voix d'Hommes
Voix de Femmes
Basse
Baryton
Tenor
Alto
Contralto
2.me dessus
1.er dessus
Portée générale.
Ex. M.
Piano a six octaves.
4.me Sol d'un
3.e Ut d'un
3.me Fa d'un

79.ᵉ Leçon

DE LA MANIÈRE DE RÉALISER PUREMENT L'HARMONIE.

***

80.ᵐᵉ Leçon.

RÉALISER PUREMENT , c'est écrire correctement toutes les parties d'une harmonie exécutée par des voix seules , des instrumens seuls , ou par des voix et des instrumens réunis ; mais , quel que soit le cas , il faut avoir égard , 1.° *au mouvement des parties* ; 2.° *aux notes à doubler et à supprimer* ; 3.° *à la disposition des notes des accords* ; 4.° *à la marche particulière de chaque partie.*

DES NOTES A DOUBLER ET A SUPPRIMER DANS LES ACCORDS.

***

Pour ne pas altérer la pureté du chant , en rendant la marche des parties incertaine ou sautillante , on est souvent obligé de doubler ou de supprimer une ou plusieurs notes de l'accord ; alors on double de préférence LA FONDAMENTALE , puis LA QUINTE , et LA TIERCE très-rarement , surtout lorsqu'elle est note sensible , parce qu'alors elle n'a qu'une seule manière de se résoudre.

Il ne faut pas oublier , en doublant ces notes ,

de les éloigner au moins d'une octave, car, si on les répétait à la même place, on ferait des unissons, et, par ce moyen, on priverait l'harmonie d'une partie, l'octave la rendant plus complète.

Lorsqu'on est obligé de retrancher une note de l'accord, on supprime d'abord la QUINTE, puis la FONDAMENTALE, et la TIERCE seulement dans un cas difficile; ainsi la tierce est un intervalle qu'on évite de doubler et surtout de supprimer, parce qu'elle donne la mélodie à l'accord.

DE LA MANIÈRE DE CRÉER UNE BASSE SOUS UN CHANT.

81.me Leçon.

LA MÉLODIE est la partie la plus noble, celle qui exprime le mieux toutes les passions d'une âme exaltée ; tandis que l'harmonie lui sert d'auxiliaire, la détermine lorsqu'elle est trop vague, ou lui donne plus d'énergie en lui prêtant la puissance magique de ces accords ; mais elle doit concourir au même effet, et ne former qu'un tout avec elle. C'est donc la manière d'accompagner la mélodie que nous allons démontrer.

1.º On invente un chant qui ne module pas (comme l'exemple G) ; ce chant donné peut se

trouver au soprano , au ténor ou au contr'alto ;
les règles sont toujours les mêmes.

Il faut que la note du chant soit partie intégrante
de l'accord exprimé par la basse fondamentale ,
c'est-à-dire , la *tierce* ; la *quinte* , ou la *fondamentale*.

On crée donc une basse sous cette première
partie , en observant que le chant et la basse ap-
partiennent au même accord , et ne fassent jamais
des quintes ou des octaves défendues.

Pour réaliser à quatre parties , on le disposera
sur quatre portées différentes , en donnant à chacune le chant qui lui convient (Voy. exemple H).

Puis on créera une basse partout où il y aura
du chant , et où , par conséquent , la basse man-
quera (Voy. exemple I).

Ensuite , d'après les accords exprimés par la
basse , on remplira les parties restées vides , en se
conformant à tout ce que nous avons dit pour la
pureté de la réalisation (Voyez exemple J).

ÉTUDE DU RYTHME.

82.ᵐᵉ Leçon.

Il ne suffit pas de dire aux élèves : *la ronde vaut
deux blanches , la blanche vaut deux noires* , etc. ,
il faut leur démontrer la manière de diviser ces notes en tiers , quarts , huitièmes , seizièmes d'unités , etc.

A cet effet, nous conseillons un exercice duquel nous obtenons tous les jours d'heureux résultats. Cet exercice consiste à faire étudier à l'élève chaque groupe d'une unité ou fraction d'unité en appelant *un* l'unité, et donnant aux fractions le nom qui leur convient ; c'est donc sur le tableau qu'on écrira tous les groupes composés de diverses fractions, et, au moyen de la baguette, on fera changer l'élève de groupe à volonté, et on combinera tous les rythmes possibles (Voyez l'exemple K).

NOTA. Les unités seront frappées avec les deux mains, et les fractions avec la main droite.

Pour la ronde, on prolongera le son *un* pendant la durée de quatre frappé.

MANIÈRE DE S'EXERCER SUR LES RYTHMES.

Après avoir fait l'exercice ci-dessus, on prend pour exemple un air connu, on en décompose le rythme, et ensuite sur ce rythme on compose des mélodies (Voy. exemple L).

Quand on se sera familiarisé à ce genre de travail, on composera des rythmes, et sur ces rythmes on créera des chants.

Un rythme nouveau est pour un compositeur une source inépuisable de mélodie.

THÉORIE DES CLEFS.

83.me Leçon.

Nous n'avons jusqu'ici déterminé les *clefs* que comme des signes propres à déterminer le nom de certains barreaux de la portée, et, par suite, le nom de toutes les notes qu'elle contient. Il convient maintenant que nous en cherchions leur origine et leur rapport.

Nous savons déjà que les anciens se servaient des lettres pour noter leur musique; comme leur système commençait par notre tonique *relative la*, considéré comme *son absolu*, elle était représentée par la lettre A, le *si* par un B, l'*ut* par un C, et ainsi à l'infini.

C'est en découvrant le phénomène de la tonalité, base et trésor de la musique moderne, et par suite notre gamme actuelle, qu'on reconnut que cette gamme oscillait, pour ainsi dire, autour du troisième degré de l'échelle alors usitée, que là était l'initial et à la fois le point de repos. Et, lorsque, plus tard, on eut adopté les syllabes dont nous nous servons, l'*ut* se trouva correspondre à la lettre C; de là vient que les Allemands, les Anglais, et autres peuples qui font encore usage des lettres, répondent à nos syllabes comme il suit:

b	pour	*si*
a	—	*la*
G	—	*sol*
F	—	*fa*
E	—	*mi*
D	—	*ré*
C	—	DO
B	—	*si*
A	—	*la*

Nous ferons remarquer que ces lettres représentent des sons supposés absolus, tandis que, dans l'idée de l'inventeur des syllabes usitées en France et en Italie, ces syllabes étaient une qualification de la propriété résultant pour les sons du rang qu'ils occupent dans la gamme, à quelque degré qu'on les commence.

PAR EXEMPLE, la lettre C exprime un son toujours le même, produit par 512 vibrations dans une seconde, pour le troisième *ut* du piano, commençant par le *fa* en montant, tandis que le mot *ut* ne doit rappeler à l'esprit que la première note d'une gamme majeure, quelle qu'elle soit.

GUIDO D'ARREZZO imagina d'aider à l'intonation par le mouvement ; à cet effet, il plaça sur les barreaux d'une espèce d'échelle les signes représentatifs du son. Une lettre placée à l'origine de chaque barreau en déterminait le nom.

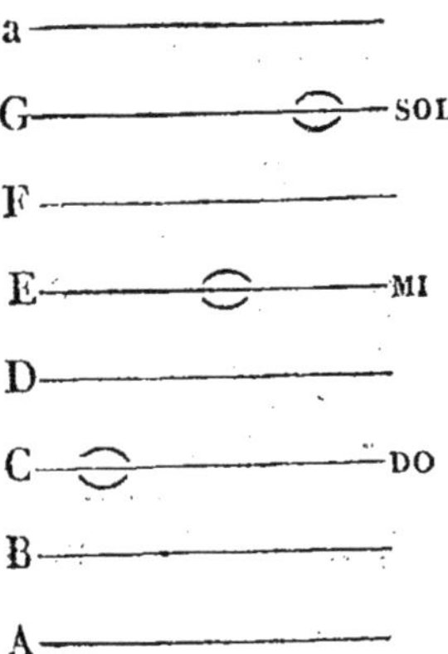

Ce procédé frappa l'attention dès l'abord , car il offrait cet important et nouvel avantage , de figurer aux yeux les rapports d'élévation des sons.

On écrivit bientôt dans les intervalles des barreaux , et le nombre s'en trouva réduit à *quatre* , comme on le pratique encore de nos jours pour la musique d'église (*le plain-chant*) ; mais la musique profane , faisant usage d'une grande étendue de voix , a dû conserver cinq lignes , à l'ensemble desquelles on a donné le nom de *portée musicale*.

On cessa , enfin , d'écrire les lettres en tête de la portée , à l'exception d'une seule qui servait de *clef* pour trouver le nom des autres lignes et de leurs intervalles. Ce sont ces lettres qu'on a remplacées par les clefs de *sol* , d'*ut* et de *fa*. Voy. la *portée générale* (fig. M).

CONCLUSION.

C'est par un résumé succinct des principes les plus essentiels, et que nos élèves devront relire souvent, que nous terminerons cette méthode ; car il faut qu'ils aient toujours présens à leur mémoire tous les secours de la théorie pour s'aider dans la pratique.

Sans la théorie, la pratique aveugle marche d'un pas chancelant, et fait perdre aux élèves un temps précieux en erreurs et en redressemens ; de même, si la théorie ne s'appuye sur l'intelligence des effets, elle n'est pas plus heureuse. Ainsi nous désirerions qu'un élève connût bien la théorie, avant qu'on songeât à une exécution sérieuse, et qu'ainsi, par une instruction solide, fût préparé le fonds dont on veut obtenir une heureuse fécondité.

La *tonique* et la *dominante* doivent être incessamment dans notre oreille ; sans tonique, point de dominante, et, en l'absence des deux, plus de tonalité. C'est à cette idée que se cramponne le lecteur le plus routinier.

Cette idée est très-féconde, et c'est par elle que l'on parvient à chanter dans tous les tons ; et vous y serez arrivés, parce que vous ne verrez partout qu'une seule gamme pour chaque mode, et que

vous serez devenus assez libres pour les reconnaître, quelles que soient les syllabes, les propriétés
étant les mêmes aux mêmes degrés ; c'est donc aux
propriétés qu'il faut s'attacher, et ne pas se laisser
rebuter par les embarras inséparables de tout début.

La note *sensible* et la *sous-dominante* sont deux
notes fort intéressantes, la sensible exprimant généralement par sa tendance celle de tout nouveau
dièse, l'autre nous donnant l'intelligence du bémol.

N'oubliez pas, lorsque vous allez chanter un
morceau, de reconnaître le *ton* et le *mode* ; vous
savez que l'armure de la clef appartient à deux
gammes relatives, et que c'est la présence ou l'absence de la dominante du majeur qui détermine le
mode ; ensuite, pour assurer à l'avance la tonalité,
préludez sur les trois accords essentiels du ton et
du mode.

Tout accident nouveau annonce une modulation,
et, par conséquent, le déplacement de la tonalité
précédente.

Il faudra se familiariser avec les accords de
septièmes, parce qu'on rencontre souvent des pas-
sages et des intervalles dont ils donnent la clef ;
d'ailleurs, ils introduisent à l'étude de l'harmonie.

Maintenant il n'est point de musique que vous
ne puissiez déchiffrer, si vous avez suivi avec attention tous les moyens que nous avons fournis.
Cette marche aura été pénible à votre impatience ;
mais songez que la réflexion devient plus rapide de

jour en jour. D'ailleurs, l'intelligence fait bientôt avec prestesse les opérations qu'elle a faites lentement.

Enfin, faites de la théorie en même temps que de la pratique ; lisez beaucoup de musique, mettant de côté, pour le moment, tous les morceaux qui vous présenteront trop de difficultés ; quand un air vous plaît, essayez de le noter de mémoire, quant à l'intonation d'abord, ensuite quant à la mesure, et vous arriverez au point, que vous lirez et parlerez la musique comme on lit et comme on parle une langue familière.

C'est là le but que nous nous sommes proposé, et l'amour de l'art qui nous y aura conduit, si nous sommes assez heureux pour obtenir quelques suffrages.

FIN.

TROISIEME PARTIE.

FIN DE LA TABLE DES MATIÈRES.